Auge der Weisheit

Auge der Weisheit

Spirituelle Vorträge

von

Swami Ramakrishnananda Puri

Mata Amritanandamayi Center, San Ramon
Kalifornien, Vereinigte Staaten

Auge der Weisheit
Spirituelle Vorträge von Swami Ramakrishnananda Puri

Herausgegeben von:
Mata Amritanandamayi Center
P.O. Box 613
San Ramon, CA 94583
Vereinigte Staaten

———————————— *Eye of Wisdom (German)* ————————

Erstausgabe vom MA Center: September 2016

In Deutschland: www.amma.de

In der Schweiz: www.amma-schweiz.ch

In India:
    inform@amritapuri.org
    www.amritapuri.org

Widmung

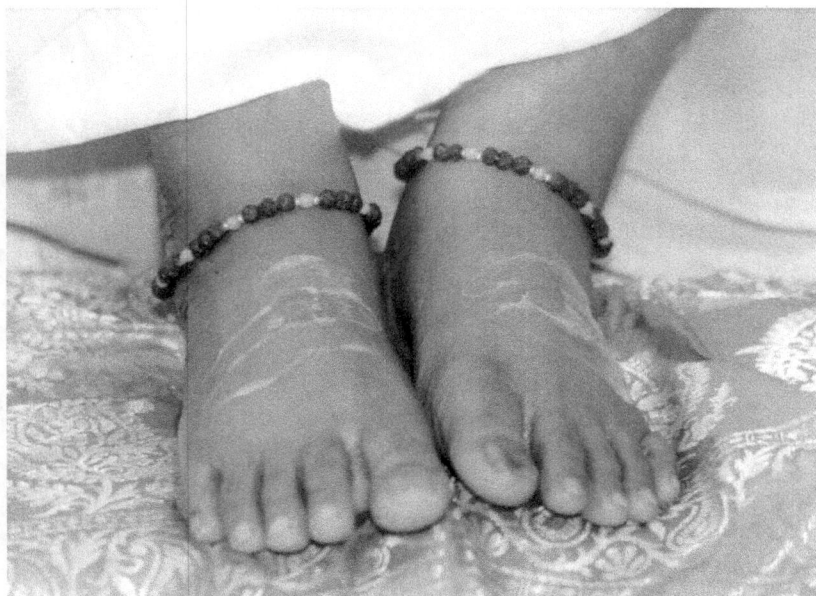

*In Demut widme ich dieses Buch den Lotus-
Füßen meines geliebten Satgurus
Sri Mata Amritanandamayi.*

sarvagaṁ saccid ātmānaṁ jñāna cakṣurnirīkṣate
ajñāna cakṣurnekṣeta bhāsvantaṁ bhānum andhavat

Atman, das allesdurchdringende Seins-Bewusstsein,
wird von demjenigen gesehen,
der das Auge der Weisheit besitzt.

Wessen Sicht durch Unwissenheit verdunkelt
ist, erkennt ihn nicht, so wie ein Blinder
das Sonnenlicht nicht sieht.

— Atma Bodha Dipika 65

Inhaltsverzeichnis

Vorwort		8
Sri Mata Amritanandamayi		11
Kapitel 1	Die wirkliche Sehschärfe: „20/20" („zwanzig Zwanzigstel")	13
Kapitel 2	Burgen aus Sand und Stein	21
Kapitel 3	Sich über die relative Wirklichkeit erheben	31
Kapitel 4	Weltliche Verlockungen überwinden	39
Kapitel 5	Der Schlüssel zum Glück	55
Kapitel 6	Lernen anstatt sich anzulehnen	69
Kapitel 7	Du trägst einen Diamanten: Spiritualität ist wahrer Reichtum	81
Kapitel 8	Den Geist „managen"	95
Kapitel 9	Ammas Geheimrezept	109
Kapitel 10	Dem Netz Mayas entrinnen	115
Kapitel 11	Eine neue Evolutionstheorie	129
Kapitel 12	Sehen heißt glauben: Wie Ammas Liebe Leben verändert	137
Kapitel 13	Die Komfortzone verlassen	149
Kapitel 14	Sich an das Wahre halten	159
Kapitel 15	Der Beobachter und das Beobachtete	169
Kapitel 16	Wie Amma die Welt sieht	183
Glossar		199

Vorwort

Vor einigen Jahren während Ammas Australien-Tour unterhielt ich mich mit einigen Devotees, während Amma etwas weiter weg von mir Darshan gab. Plötzlich rief Amma mich zu sich. Als ich mich ihr näherte, warf sie segnend Blütenblätter über mich und sagte: „He, heute ist dein Geburtstag, nicht wahr?"

Ich erzählte Amma, dass ich das ehrlich gesagt nicht wüsste. In Indien hat man nicht nur Geburtstag, sondern auch einen Geburtsstern. Dieser Geburtsstern erscheint einmal, manchmal auch zweimal im Monat. Man feiert den Geburtstag am Tag seines Geburtssterns in dem Monat, in dem man geboren wurde. Deshalb ist das Geburtstagsdatum jedes Jahr anders. Ich hatte früher einmal Amma meinen Geburtsstern genannt, aber in all den Jahren weder ihr noch sonst jemandem im Ashram meinen Geburtstag mitgeteilt. Und obwohl ich in all den Jahren so viele Beweise von Ammas Allwissenheit gesehen habe, war ich doch erstaunt, dass sie ihn wusste und war tief berührt, dass sie ihn erwähnte. Als Amma mir Darshan gab und mich zum Geburtstag mit einem Apfel beschenkte, erinnerte ich mich an eine Aussage in den Schriften, dass ein wahrer Meister die Vergangenheit, Gegenwart und Zukunft aller Lebewesen sehen kann. Und obwohl Amma niemals eine so kühne Behauptung von sich selbst machen würde, ließ sie mich in ihrer unnachahmlich unauffälligen Art – und wenn man nicht aufpasst, dann übersieht man es sogar – wissen, dass ihr nicht das Geringste entgeht oder je entgangen ist.

Damals erwog ich zum ersten Mal, ein Buch zu schreiben über die Art und Weise wie Amma die Welt sieht. Natürlich kann man mich nicht als zuverlässige Quelle für dieses Thema betrachten. Es ist eigentlich nicht zu erwarten, dass man genau verstehen oder erklären kann, wie jemand anderes die Welt sieht, ganz zu schweigen von einer spirituellen Meisterin von Ammas Format. Und dennoch: Da ich nun seit dreißig Jahren mit Amma lebe, zu ihren Füßen sitze, sie von Weitem beobachte und ihre Führung in kleinen und großen Dingen erfahre, fühle ich, dass ich etwas zu diesem Thema anzubieten habe, wie begrenzt es auch sein mag. Angeregt durch Hinweise, Schlussfolgerungen und Erfahrungen habe ich begonnen, die kleinen Stücke eines Puzzles zusammenzusetzen. Eines weiß ich ganz sicher: Ammas Sichtweise reicht wahrlich über alles hinaus und ist jenseits von all dem, was wir verstehen können, jenseits von allem, was wir erträumten, jenseits von *allem* überhaupt. Auf jeden Fall ist es jenseits von Worten. Und dennoch versucht Amma, es uns zu erklären, und es wäre gut für uns zu versuchen, es zu verstehen.

In der *Bhagavad Gita* sagt Krishna:

aścaryavat paśyati kaścid-enam
āścaryavad vadati tathaiva cānyaḥ
āścaryavaccainam anyaḥ śṛṇotī
śrutvāpyenaṁ veda na caiva kaścit

Der eine sieht den Atman (das Wahre Selbst) als
Wunder;
ein anderer spricht von ihm als Wunder,
wieder ein anderer hört von ihm als Wunder;
doch auch wenn man von ihm gehört hat, so kennt ihn
doch niemand.

Zwischen den Morgen- und Abendprogrammen während Ammas Nordamerika-Tour wohnten wir kürzlich in der Wohnung einer Anhängerin Ammas. Die Fenster gingen zu einem schönen See hinaus, mit dem schneebedeckten Mount Rainier im Hintergrund. Als Ammas persönliche Betreuerin diese Aussicht sah, ließ sie das Fenster offen, damit Amma einen Blick auf diese malerische Aussicht werfen könne. Doch als Amma den Raum betrat und ihre persönliche Betreuerin Amma dafür gewinnen wollte, den Ausblick auf den Berg zu genießen, sah Amma nicht einmal von dem Brief auf, den sie gerade las. Ihre Betreuerin gab nicht auf. "Amma, bitte, schau doch nur einen Augenblick. Es ist so schön." Schließlich antwortete Amma: "Für Amma ist beides schön, das Innere und das Äußere."

Es gibt wahrhaftig nichts Schöneres und Glückseligeres als den Atman. Für eine wahre Meisterin wie Amma, die im Selbst ruht, ist nichts weiter nötig.

Swami Ramakrishnananda Puri
Amritapuri
27. September 2007

Sri Mata Amritanandamayi

Einführung

S ri Mata Amritanandamayi Devi oder Amma (Mutter), wie sie allgemein genannt wird, ist bei Millionen von Menschen auf der ganzen Welt aufgrund ihres außergewöhnlich von Liebe und Selbstlosigkeit geprägten Lebens sehr beliebt. Amma teilt ihre grenzenlose Liebe mit jedem, der zu ihr kommt, indem sie jeden zärtlich umarmt und liebevoll an sich drückt, ungeachtet seines Glaubens, seiner Persönlichkeit oder dem Grund seines Kommens. Auf ihre einfache, jedoch wirkungsvolle Art verwandelt Amma das Leben unzähliger Menschen, hilft ihnen ihre Herzen erblühen zu lassen – mit einer Umarmung nach der anderen. In den letzten 36 Jahren hat Amma mehr als 26 Millionen Menschen aus allen Teilen der Welt umarmt.

Ammas unermüdlicher Einsatz, für andere da zu sein hat ein riesiges Netzwerk karitativer Aktivitäten entstehen lassen, dank dessen die Menschen erfahren können, welch tiefer Frieden und innere Erfüllung aus selbstlosem Dienst für andere erwächst. Amma lehrt, dass das Göttliche in allem existiert, im Belebten ebenso wie im Nichtbelebten. Die Wahrnehmung dieser grundlegenden Einheit von allem bedeutet die Essenz von Spiritualität und darüber hinaus das Ende allen Leidens.

Ammas Lehren sind universell. Wann immer sie nach ihrer Religion gefragt wird, antwortet sie, dass ihre Religion die Liebe sei. Sie verlangt von niemandem, an Gott zu glauben oder seinen Glauben zu ändern, sondern nur, das eigene wahre Wesen zu erforschen und an sich selbst zu glauben.

KAPITEL 1

Die wirkliche Sehschärfe: „20/20" („zwanzig Zwanzigstel")

> *„Jeder deutet die Grenzen seines eigenen Gesichtskreises als die Grenzen der Welt."*
>
> – Arthur Schopenhauer

Es gibt so viel Einsamkeit und Getrenntheit in der heutigen Welt, dass uns dies inzwischen selbstverständlich geworden ist. Und dennoch ist uns allen das Bild einer utopischen menschlichen Zivilisation, die in ferner Vergangenheit bestand oder in nicht allzu ferner Zukunft wiederkehren könnte, recht vertraut. Gibt es doch beispielsweise die Erzählungen über die sagenhafte Insel Atlantis, für immer verborgen in den Tiefen des Ozeans oder die Legende von Shangri-La, jenem Ort des Friedens und der Harmonie, der völlig von der Außenwelt abgeschlossen ist. Die griechischen Dichter besangen ihr Goldenes Zeitalter. Die Puranas der Hindus teilen die Menschheitsgeschichte in vier Zeitalter (yugas) ein; das am weitesten zurückliegende ist das *Satya Yuga* (das Zeitalter der Wahrheit), in dem alle Menschen in vollkommener Harmonie miteinander und mit der Natur lebten und in dem uneingeschränkter Frieden herrschte. Auch wenn die Vorstellung von Satya Yuga kein Mythos ist, liegt diese Zeit sehr weit zurück.

Wir wünschen uns eine Welt frei von Kriegen, sozialen Unruhen, Korruption, Seuchen, Armut und Hunger. Doch ironischerweise sehen wir gegenwärtig in den Nachrichten, die wir aus allen Winkeln des Globus zu sehen bekommen, eigentlich genau solche Situationen. Es besteht eine riesige Kluft zwischen den selbst gesetzten Idealen der Menschheit und der Realität der Welt.

Mit der heutigen Technologie leben wir buchstäblich in einem globalen Dorf. Es gibt aber so viele Menschen auf der Welt mit vielen sich widersprechenden Interessen, Zielen und Idealen, dass die größte Herausforderung unserer Zeit darin liegt, zu lernen, wie wir in Harmonie miteinander leben können. Die Technik hat die Erde kleiner gemacht, doch sie vermag nicht die kulturellen und ideologischen Konflikte zu heilen, die aus der neuen gegenseitigen Nähe entstehen. Somit erweisen sich die einst so leichthin gesprochenen Worte von Ralph Waldo Emerson – *„Das Ende der menschlichen Rasse wird vermutlich darin liegen, dass sie an ihrer Zivilisation stirbt"* – als viel prophetischer als das zu seiner Zeit vorstellbar war.

Die Getrenntheit besteht nicht nur zwischen den verschiedenen Nationen und Völkern, sondern auch zwischen engsten Familienangehörigen. In einer Zeitschrift stieß ich auf folgenden Brief eines kleinen Mädchens:

„Lieber Gott,
ich wette, es ist sehr schwer für Dich, alle und jeden in
der ganzen Welt zu lieben. In unserer Familie gibt es nur
vier Menschen, und ich kann sie nicht immer alle lieben."

Amma sagt: „In einer vierköpfigen Familie lebt jeder Einzelne wie auf einer isolierten Insel. Es gibt keine herzliche Kommunikation miteinander." Um diesen Punkt deutlich zu machen, erzählt sie folgende Geschichte:

Eine dreiköpfige Familie hatte ein Auto. Eines Abends wollte der Vater damit ins Kino, die Mutter wollte einkaufen und ihr

Sohn wollte mit dem Auto zu einem Konzert fahren. Jeder versuchte den anderen zu überzeugen, dass sein eigenes Anliegen am wichtigsten sei. Schließlich kam es zum Streit und am Ende fuhr niemand weg. Eigentlich hätte es eine einfache Lösung geben können: Der Sohn hätte seinen Vater beim Kino und seine Mutter beim Einkaufszentrum aussteigen lassen können, hätte dann ins Konzert gehen und beide auf dem Nachhauseweg wieder abholen können. Da jedoch keiner von ihnen fähig war, den Wunsch des anderen ernst zu nehmen, entging ihnen diese praktische Lösung.

Es gibt Menschen, die das Leben aus einer weiten Perspektive, aus einer Makro-Perspektive sehen und dann mitunter so damit beschäftigt sind, dass sie die kleinen Dinge, die so ganz anderer Natur sind, übersehen: Ein liebenswürdiges Lächeln, ein tröstendes Wort oder eine ruhig überlegte Handlung. Von solch einer Person heißt es: „Sicher, er liebt die Menschheit, aber er hasst die Leute."

Andere neigen dazu, alles aus der Mikro-Perspektive zu sehen und so darin vertieft zu sein, dass sie oft nur einen beschränkten Blick auf das Leben haben. Sie konzentrieren sich dann zu sehr auf eine Aufgabe oder einen Bereich, ohne den Zusammenhang mit anderen Dingen zu berücksichtigen.

Einst beauftragte man einen Mann, mit Farbe den weißen Mittelstrich auf einer Durchgangsstraße zu ziehen. An seinem ersten Arbeitstag malte er einen sechs Kilometer langen Strich aus, am nächsten Tag waren es drei Kilometer und am folgenden weniger als ein Kilometer. Als der Vorarbeiter den neuen Arbeiter fragte, warum er jeden Tag weniger schaffe, antwortete dieser frustriert: „Ich kann es einfach nicht besser. Jeden Tag wird der Abstand zum Farbeimer größer."

In ähnlicher Weise können die meisten von uns die Welt nur aus der eigenen Perspektive und nicht aus der eines anderen sehen und noch weniger vermögen wir das Ganze sehen. Amma hingegen sieht das Ganze und zugleich fließt ihr Bewusstsein zu jedem Einzelnen als einem Teil des Ganzen. Diese ganzheitliche Sichtweise oder *samashti drishti* bedeutet nicht einfach, dass man sich eher auf das Große als auf das Kleine konzentriert. Sie beruht auf dem grundlegenden spirituellen Prinzip, dass das Höchste Bewusstsein das Universum wie einen einzigen Lebensfaden (oder *Sutratman)* durchdringt und alle Wesen und alle Dinge miteinander verbindet. „Liebe ist die Manifestation des Wahren Selbst", sagt Amma. „Es ist die Liebe, welche die gesamte Schöpfung auf einen einzigen Faden fädelt. Deshalb sagt man, dass Gott Liebe ist."

In der *Bhagavad Gita* sagt Krishna:

mattaḥ parataraṁ nānyat kiṁcid asti dhanaṁjaya
mayi sarvam idaṁ protaṁ sūtre maṇigaṇā iva

Es gibt nichts Höheres als mich, Oh Dhananjaya.
Auf mich ist dieses All aufgefädelt, wie Edelsteine auf eine Schnur.

7/7

Amma sagt aus ihrer universellen Perspektive heraus, dass die Probleme, die wir heutzutage so deutlich in der Welt sehen, zeigen, welche Probleme sich im Geist der einzelnen Menschen abspielen. Wir vergessen oft, dass das Ganze eine Verschmelzung der Teile ist – jeder ist darin eingeschlossen. „Die Gesellschaft besteht aus Einzelpersonen", sagt Amma. „Es ist der Konflikt im individuellen Geist, der sich in der Außenwelt als Krieg manifestiert. Wenn Einzelne sich ändern, wird sich die Gesellschaft automatisch wandeln. Genauso wie Hass und Rachsucht im Geist existieren, können dort auch Frieden und Liebe herrschen." In ihrer Rede bei den Vereinten Nationen im Jahr 2000 wies Amma darauf hin, dass „der Konflikt in der Gesellschaft vom Konflikt im einzelnen Menschen herrührt."

Entscheidend für den Zustand der Welt, in der wir leben, ist der Gemütszustand jedes Einzelnen. Die unsichtbaren Samen der konkreten Weltprobleme liegen in den Herzen der Menschen verborgen. Ebenso wichtig wie die Behandlung der äußerlich sichtbaren Symptome der Gesellschaft ist die Erforschung des Ursprungs dieser Probleme in unserem Innern. Wenn der innere Konflikt gelöst wird, können die Menschen überall mehr Frieden und Wohlstand genießen.

Wenn unsere Sehschärfe überprüft wird, zeigt man uns in einem Raum aus einer bestimmten Entfernung Buchstaben und Zahlen. Unsere Sehschärfe wird danach eingestuft, wie gut wir auf eine Entfernung von 20 Fuß (ca. 6 m) sehen können, und zwar in Relation zu perfekter Sicht aus dieser Entfernung. Diese Sehtests heißen „Snellensche Schriftproben", nach dem holländischen Augenarzt Hermann Snellen, der diese klassische Buchstaben-Tafel 1863 entwickelt hat. Seitdem hat man sich darauf geeinigt, dass der Snellensche Sehschärfe-Index „20/20" (zwanzig Zwanzigstel) perfekte Sehschärfe bezeichnet.

Snellen bestimmte die Größe seiner Buchstaben auf der Testtafel, indem er die Sehschärfe von vielen seiner Patienten mit der seines Assistenten verglich, der entfernte Gegenstände sehr klar sehen konnte. Die historischen Berichte erklären jedoch nicht, woher Snellen wusste, dass sein Assistent „perfekte" Sehschärfe besaß. Das heißt, unsere Norm für perfekte Sehschärfe beruht auf der Sehschärfe eines einzigen Menschen, der mehr oder weniger willkürlich ausgewählt wurde, aufgrund seiner Nähe zu dem Wissenschaftler, der das System der Messungen gerade entwickelte. Und trotzdem akzeptieren alle Snellens Angabe als korrekte Norm für unsere Sehkraft und die Klarheit unserer Sicht.

Auf ähnliche Weise akzeptieren wir alle, dass es eine vollkommene, allgemeingültige Sichtweise auf die Welt um uns herum gibt – trotz der Tatsache, dass wir um die Begrenztheit unserer menschlichen Sinne wissen. Selbst im unmittelbaren Umfeld unseres Körpers gibt es so Vieles, dessen wir uns nicht bewusst sind. Auf vielen Ebenen entfalten selbst Hunde mehr Bewusstsein für ihre Umgebung als wir. So gibt es für das menschliche Ohr nicht wahrnehmbare Frequenzen, die ein Hund gut hören kann; ein Hund kann eine Vielfalt von Gerüchen erkennen, die für uns nicht nachvollziehbar sind. In Indien sagt man sogar, dass ein Hund feinstoffliche Wesen sehen kann, die für das menschliche Auge nicht sichtbar sind. Das erklärt, warum Hunde manchmal ohne ersichtlichen Grund bellen.

Wenig bekannt ist die Tatsache, dass beim Tsunami im Jahre 2004 im Vergleich zur Zahl der menschlichen Opfer kaum ein Tier verletzt wurde. In ganz Südostasien schienen die Tiere die kommende Katastrophe zu spüren und flohen in höher gelegene Gebiete. Mitunter konnten Touristen in Wildreservaten Elefanten beobachten, wie sie auf die Hügel zusteuerten und fanden es ratsam, ihren Spuren zu folgen – eine Entscheidung über Leben und Tod.

Es ist also klar, dass Tiere in gewisser Hinsicht feiner entwickelte Sinne haben als wir. Und wir können auch einräumen, dass es Menschen gibt, deren Sinnesorgane feiner entwickelt sind als unsere eigenen. Ebenso wie es vermutlich Menschen mit einer besseren Sehschärfe gibt als Hermann Snellens Assistent sie besaß, kann es doch auch Menschen geben, deren Betrachtungsweise der Welt viel weiter entwickelt ist als unsere.

Vom praktischen Standpunkt aus betrachtet ist leicht erkennbar, dass Ammas Sichtweise der Welt viel effizienter, wohltuender und weitblickender ist als unsere eigene. Amma sieht ihr eigenes Bewusstsein in jedem von uns. „Du bist nicht getrennt von mir", sagt sie, „du und ich sind eins." Aufgrund dieser Perspektive ist

Amma in allen Situationen vollkommen in Frieden und vermittelt diesen Frieden jedem, dem sie begegnet. Wenn wir keinen Unterschied zwischen uns und anderen sehen, wie können wir sie dann hassen? Wie können wir sie verurteilen? Wir können sie nur lieben. Da Amma jeden als ihr erweitertes Selbst sieht, streckt sie ihre Arme nach jedem aus, der ihr begegnet, um ihn liebevoll zu umarmen und zu trösten. Ungeachtet offensichtlicher äußerer Unterschiede gibt es das eine Höchste Bewusstsein, das Allem zugrundeliegt. Amma erklärt: „Welche Farbe auch immer eine Kuh hat, die Milch ist immer weiß. Genauso ist das erleuchtete Bewusstsein, unabhängig von Kultur und Charakter eines Menschen, ein und dasselbe." Ammas Sicht vom Einssein ist tatsächlich die Essenz der Spiritualität. Genau diese Sichtweise wünscht Amma uns allen, da sie weiß, dass wir nur dann, wenn wir die Wirklichkeit auf diese Weise wahrnehmen, Frieden erlangen – sowohl individuell, als auch gesamtheitlich.

Wer hat in dieser Welt voller Gewalt, Hass, religiösem Zwist und kulturellen Konflikten die vollkommenere Weltsicht: wir mit unseren Differenzierungen und Aufteilungen – oder die Mahatmas[1] mit ihrer Sichtweise einer Welt der Einheit und des Eins-Seins? Ich bin der Ansicht, dass es die Mahatmas sind, die die wirkliche „20/20", „zwanzig Zwanzigstel-Sehschärfe" haben. Ihre goldene Norm sollte uns allen zum Maßstab unserer Lebenseinstellung werden, damit sich unsere Perspektive erweitert, bis wir schließlich die Welt – und uns selbst – in kristallener Klarheit sehen können.

---

[1] Wörtlich "große Seele". Obwohl dieser Begriff inzwischen mit erweitertem Sinn angewendet wird, bezeichnet ‚Mahatma' in diesem Buch denjenigen, der für immer die Einheit mit dem Universellen Selbst bzw. dem Atman erkannt hat.

Kapitel 2

Burgen aus Sand und Stein

*„Die (äußere)Wirklichkeit ist nur eine Illusion,
allerdings eine ziemlich hartnäckige"*

— Einstein

*„Ich träumte, ich wäre ein Schmetterling, der am
Himmel umherflattert; dann erwachte ich. Jetzt
frage ich mich erstaunt: Bin ich ein Mensch, der
träumt, ein Schmetterling zu sein oder bin ich ein
Schmetterling, der träumt, ein Mensch zu sein."*

— Chuang Tsu

Einem Piloten mit schwacher Sehkraft war es gelungen, die regelmäßigen Überprüfungen seiner Sehkraft dadurch zu bestehen, dass er die Sehtafeln vorher auswendig lernte. Eines Jahres jedoch benutzte sein Arzt eine neue Tafel, die der Pilot noch nie gesehen hatte. Der Pilot las die alte Karte vor und dem Arzt wurde klar, dass er hintergangen worden war.

Es stellte sich heraus, dass der Pilot tatsächlich fast blind war. Der Arzt konnte seine Neugierde nicht verbergen: „Wie kann jemand mit Ihrer Sehschwäche überhaupt ein Flugzeug fliegen?"

„Oh, heutzutage ist ja alles vollautomatisiert. Der Bordcomputer kennt unser Ziel, und ich muss lediglich den Autopiloten betätigen und das Flugzeug fliegt ganz von alleine."

„Das verstehe ich", sagte der Arzt, „wie ist es aber beim Start?"

„Das ist einfach. Ich halte das Flugzeug unten auf der Rollbahn, gebe Vollgas, ziehe den Knüppel und schon heben wir ab!"

„Aber mir ist noch nicht klar, wie Sie landen", wandte der Arzt ein.

„Oh, das ist das Leichteste von allem. Ich benutze nur den Leitstrahl des Flughafens, um auf die richtige Landebahn zu kommen. Dann drossele ich die Motoren, warte bis der Co-Pilot vor Angst schreit, ziehe die Nase des Flugzeugs vorne hoch und es setzt sanft auf."

Jeder von uns sieht und bewertet seine Erfahrungen, Menschen und Dinge der Welt auf seine Weise. Während uns unsere eigene Sichtweise vollkommen plausibel erscheint, geht es den anderen damit nicht so. Zwei Menschen in derselben Umgebung können tatsächlich in sehr verschiedenen Welten leben.

Die Schriften des *Sanatana Dharma*[2] beschreiben drei Ebenen von Wirklichkeit: *Pratibhasika* (sichtbare Wirklichkeit), *vyavaharika satta* (empirische oder relative Wirklichkeit) und *paramarthika satta* (absolute Wirklichkeit). Wir wollen sie hier als subjektive, objektive und absolute Wirklichkeit bezeichnen.

Die subjektive Wirklichkeit bezieht sich auf Erfahrungen, die eine bestimmte Person macht und sonst niemand. Beispiele dafür sind u.a. Träume, Halluzinationen oder Visionen. Die subjektive Wirklichkeit einer Person kann völlig anders sein als die einer anderen. Was die eine Person als wirklich empfindet, liegt für eine andere außerhalb ihrer Vorstellungskraft.

Einst überprüfte der Psychiater einer psychiatrischen Klinik seine Langzeitpatienten, ob sie wieder in die Gesellschaft eingliederbar wären. Er sagte zu einem seiner Patienten: „Also, ich sehe aus Ihrer Patientenakte, dass man Ihre Entlassung empfiehlt. Haben Sie eine Idee, was Sie nach Ihrer Entlassung tun möchten?"

---

[2] „Der ewige Weg des Lebens", so lautet der ursprüngliche und traditionelle Name für Hinduismus.

„Nun, ich habe Maschinenbau gelernt", antwortete der Patient nachdenklich. „Das ist immer noch ein interessantes Arbeitsgebiet. Andererseits dachte ich daran, vielleicht ein Buch über meine Erfahrungen hier im Krankenhaus zu schreiben."

Der Arzt nickte zustimmend.

Der Patient fuhr fort: „Die Leute würden ein solches Buch vielleicht gerne lesen. Außerdem habe ich mir überlegt, ob ich auf die Hochschule zurückgehe und Kunstgeschichte studiere."

Der Arzt nickte wieder zustimmend mit der Bemerkung: „Ja, das klingt alles nach faszinierenden Möglichkeiten."

Der Patient war aber noch nicht fertig: „Und das Beste ist, dass ich in meiner Freizeit weiterhin eine Teekanne sein kann."

Die subjektive Wirklichkeit eines Menschen ist völlig persönlich, unabhängig davon, ob sich ein anderer Mensch in seiner Nähe aufhält oder nicht. Träume oder Visionen, die jemandem als sehr real erscheinen, besitzen für jemand anderen keine Realität, auch wenn dieser direkt neben der betreffenden Person sitzt. Wir alle haben unsere Erfahrung mit äußerst lebhaften Träumen. Wenn wir versuchen, jemand anderem unseren Traum zu erzählen, erfahren wir meistens, dass dieser daran nicht sonderlich interessiert ist, wohl auch deshalb nicht, weil der Traum für den Zuhörer ohne reale Grundlage ist und nur unserem Geist entspringt.

Die meisten Menschen erleben die objektive Wirklichkeit in ihrem täglichen Leben. Wir sitzen auf einem Stuhl und wissen, dass es sich um einen Stuhl und nicht um ein Raumfahrzeug handelt. Ebenso nimmt jeder die Hitze des Feuers wahr – und niemand wird in ein brennendes Haus laufen. Das ist objektive Realität.

Wenn man uns sagt, man solle die Wirklichkeit akzeptieren, heißt das, man solle die objektive Wirklichkeit der Welt akzeptieren, so wie die meisten Menschen sie sehen und erleben.

Die meisten Leute behaupten, die objektive Wirklichkeit sei die einzige Wirklichkeit – das einzige Spiel, das hier gespielt wird.

Die Schriften erklären aber, dass die objektive Wirklichkeit nicht absolut, sondern nur relativ wirklich ist. Weil jeder die Welt aus der Perspektive seines eigenen Körpers sieht, wird die objektive Wirklichkeit als höchste und letzte Wirklichkeit propagiert. Für jeden gilt der physische Körper als allgemeingültige Bezugsebene. Vom Standpunkt des physischen Körpers aus ist es wahr, dass diese Welt wirklich ist. Wenn wir sie jedoch von einer anderen Ebene aus betrachten, wird sie unwirklich. So hat beispielsweise vom Blickpunkt eines Träumenden aus die „Wach-Welt" keine Realität.

Natürlich nimmt niemand die Bezugsebene des Träumenden ernst, es sei denn, man fühlt mit jemandem, der einen Alptraum hatte. Es gibt jedoch eine andere Bezugsebene, die man ernst nehmen sollte – die Ebene der Mahatmas: Diese ist die dritte Wirklichkeitsebene, in den Schriften beschrieben als *paramarthika satta* oder Absolute Wirklichkeit.

Sowohl die subjektive als auch die objektive Wirklichkeit hängen von der absoluten Wirklichkeit ab. Sie könnten ohne diese nicht existieren. Die absolute Wirklichkeit ist ihre Substanz und weist zugleich über sie hinaus. Während Sie dieses Buch lesen, sind Sie sich Ihres Körpers und des Buches bewusst. Sie sind vielleicht ganz dankbar, dass Sie zwei Hände haben, um dieses Buch zu halten und zwei Augen, um die Worte zu lesen. Aber sind wir uns der Tatsache bewusst, dass es eigentlich das Licht ist, das uns zu lesen erlaubt? Entsprechend ist es die absolute Wirklichkeit, die alle Formen von Wahrnehmung ermöglicht. Wo sie nicht ist, ist nichts. Die absolute Wirklichkeit ist zugleich auch jenseits aller Wahrnehmung.

Von einem anderen Blickwinkel aus betrachtet – am Beispiel von Goldschmuck und dem Element Gold – ist Gold die Substanz von allem Goldschmuck. Ohne Gold gäbe es keinen

Goldschmuck. Gleichzeitig „transzendiert" Gold den Goldschmuck. Gold bleibt Gold, ob daraus Schmuck hergestellt wird
oder nicht. Deshalb ist Gold, was den Goldschmuck betrifft, die
absolute Realität. Die ornamentalen Schmuckformen wie Ringe,
Halsketten oder Armreifen, sind nur relativ real.

Amma sagt: „Ich unterscheide nicht zwischen Materiellem
und Spirituellem. Die Wellen und der Ozean sind nicht Zweier-
lei. Das Produkt unterscheidet sich nicht von dem Material, aus
dem es gemacht ist. Es ist dieselbe Substanz, lediglich in einer
anderen Form. Ebenso sind der Schöpfer und die Schöpfung
nicht zwei – sie sind eins."

Bezogen auf Körper, Gemüt und Verstand ist es Reines
Bewusstsein, das sie belebt – Atman oder die Absolute Wirklichkeit. Wo Bewusstsein ist, können Körper, Gemüt und Verstand
funktionieren. Ohne Bewusstsein können sie nicht einmal existieren, geschweige denn funktionieren. Doch selbst wenn Körper,
Gemüt und Verstand verschwinden, verbleibt das Bewusstsein.
In der *Bhagavad Gita* erklärt Sri Krishna:

aham ātmā guḍākeśa sarva-bhūtāśaya-sthitaḥ
aham ādiśca madhyaṁ ca bhūtānām anta eva ca

Ich bin Höchstes Bewusstsein, Oh Arjuna,
und wohne im Herzen aller Lebewesen.
Ich bin Anfang, Mitte und Ende aller Lebewesen.

10.20

Diese ewige Natur des Bewusstseins erlaubte den Rishis (Sehern),
sich auf Atman als das absolut Wirkliche zu beziehen. Sie entwi-
ckelten einen einfachen logischen Test, um festzustellen, ob etwas
wahr oder wirklich im höchsten Sinn ist. Nur was unverändert
in allen drei Zeitperioden existiert – Vergangenheit, Gegenwart
und Zukunft – kann als wirklich bezeichnet werden. Alles Andere

ist nur vorübergehend oder eben „relativ wirklich". Wenn wir beten: „Führe uns von der Unwahrheit zur Wahrheit", bitten wir um die Entwicklung unserer Fähigkeit, unsere Wahrnehmung von der gegenwärtigen Ebene der relativen Wirklichkeit – der Nicht-Wahrheit – auf die Ebene des Reinen Bewusstseins oder der Höchsten Wahrheit zu erheben.

Versunken in einen Traum, ist uns die Welt des Wachzustandes völlig unbewusst. Beim Aufwachen erkennen wir, dass der Traum nicht wirklich war und uns nur während des Träumens als wirklich erschien. Wir erkennen außerdem, dass alles im Traum von uns allein kreiert wurde.

Wir wissen, dass der, der träumte, derselbe ist, der nun erwacht ist, denn wir erinnern uns an das, was wir im Traum taten und erlebten. Würde es sich um zwei verschiedene Wesen handeln, könnten wir uns niemals an unseren Traum erinnern. Auch wenn wir uns nicht an all unsere Träume erinnern, bedeutet es nicht, dass wir jemand anderes sind als der Träumende. Wir behaupten ja auch nicht – indem wir uns nicht an unsere Geburtserfahrung erinnern – nie geboren worden zu sein. Können wir uns denn an all das erinnern, was wir erst gestern taten?

In einen Traum versunken sind wir überzeugt, die Traumwelt sei die einzige Wirklichkeit. Erst beim Aufwachen identifizieren wir uns nicht mehr mit dem Traum, sondern jetzt ganz mit unserem physischen Körper und der Welt um uns herum. Mit einem Seufzer der Erleichterung sagen wir uns: „Oh, ich bin so froh, dass das nicht wirklich war!"

Das gleiche Konzept gilt für unser Leben im Wachzustand. Gegenwärtig sind wir völlig davon überzeugt, dass nur die Welt des Wachzustandes existiert. Doch sobald wir erkennen, dass die absolute Wirklichkeit die Basis der relativen Wirklichkeit ist – die Wirklichkeit, in der wir leben – wird uns bewusst werden, dass wir keine begrenzten Einzelpersonen sind, sondern die (Höchste) Wirklichkeit selbst und dass wir diese gesamte „Wach-Welt" erschaffen haben. Das heißt nicht, dass diese Welt nun verschwindet wie der Traum für denjenigen, der aus seinem Schlummer erwacht. Wir werden vielmehr die allem innewohnende Einheit erkennen, die die offensichtliche Vielfalt der Welt des Wachzustandes durchdringt.

Eines Tages inspizierte ein König die Grenzen seines Königreiches. Auf der einen Seite seines Königreiches lag das Meer. Der König verweilte dort einen Moment, um zwei Jungen zu beobachten, die am Strand Sandburgen bauten. Plötzlich begannen sie zu streiten. Der eine Junge trat gegen die Sandburg des anderen. Als sie den König in der Nähe stehen sahen, ging der andere zu ihm und beschwerte sich über die Ungerechtigkeit. Der König lachte den Jungen aus, dass er sich über ein paar Sandburgen aufregte. Er hörte nicht auf zu lachen, bis sein spiritueller Berater bemerkte: „Wenn du im Krieg kämpfst und schlaflose Nächte wegen Steinburgen verbringst, wie kannst du dann über diese Jungen lachen, die sich um Sandburgen streiten?"

Den Kindern erschienen die Sandburgen als höchste Realität, der König hingegen schrieb den Steinburgen absolute Realität zu. Die Kinder lebten in der subjektiven Wirklichkeit, der König hingegen in der objektiven Wirklichkeit. Für einen Meister dagegen, der in der absoluten Wirklichkeit lebt, sind diese beiden Realitäten gleichermaßen unwirklich, lediglich eine Art Traumzustand.

Wenn wir in der objektiven Realität sind, ist die physische Welt der Namen und Gestalten sehr real und wir betrachten unsere Träume als unwirklich. Für den Träumenden jedoch ist die Welt des Wachzustandes nicht real. Und für jemanden im Tiefschlaf hat weder die „Wach-Welt" noch die Traumwelt irgendeine Bedeutung oder Wirklichkeit. Somit ist einzig das Reine Bewusstsein die absolute Wirklichkeit, das „Ich", das alle drei Bewusstseinszustände – Wachen, Träumen und Tiefschlaf

– wahrnimmt. Die absolute Wirklichkeit des Reinen Bewusstseins wird deshalb Atman oder Wahres Selbst aller Lebewesen genannt.

Es gibt außerdem die wahre Geschichte über einen König in Tamil Nadu, der eine sehr viel tiefere Lektion zu lernen hatte. Dieser König betraute einen seiner Minister damit, einige Pferde aus guter Zucht zu erwerben. Doch der Minister, ein gläubiger Anhänger Shivas, gab das Geld stattdessen für Wohltätigkeitszwecke und Tempelrenovierungen aus. Als der König diesen Ungehorsam entdeckte, ließ er den frommen Minister umgehend ins Gefängnis werfen.

Wenige Zeit später, mit Beginn des Monsuns, trat einer der Flüsse seines Königreichs über die Ufer. Der König rief den Notstand aus und befahl, es müsse in jedem Haushalt eine Person mithelfen, die Deiche am Fluss zu verstärken, um das Königreich vor Überschwemmungen zu bewahren. Auch eine ältere Frau wurde zu dieser Arbeit gezwungen, da sie die Einzige in ihrem Haushalt war. Da sie für solch körperliche Arbeit zu alt war und keinen Ersatz für sich fand, betete sie zu ihrem geliebten Shiva um Hilfe.

Sie war der Verzweiflung nahe, als sie aufblickte und einen Fremden vor sich stehen sah, den sie nie zuvor gesehen hatte, obwohl sie ihr Leben lang schon in dem kleinen Königreich gelebt hatte. Die ältere Frau näherte sich ihm und sagte: „Junger Mann, bitte übernimm du meinen Arbeitsanteil und befreie mich von meiner Bürde. Es wird dir doch nichts ausmachen."

Der Mann erwiderte: „Ich arbeite nicht umsonst. Du musst mir auch etwas anbieten."

Die arme Frau hatte jedoch nur ihr *puttu* (einen Teller Reis mit Kokosnuss) anzubieten, den sie sich täglich zubereitete, um sich mehr schlecht als recht durchzuschlagen. Als sie dies dem Mann erklärte, erwiderte er: „Das reicht aus. Verköstige mich, und ich werde für dich arbeiten."

So führte sie den Mann ins Haus und gab ihm reichlich zu essen. Als er gegessen hatte, ging er ans Flussufer, stand dort aber nur herum, statt seine Arbeit zu tun – plauderte mit den anderen Leuten und hielt sie von der Arbeit ab. Als ein Aufseher dies beobachtete, meldete er es dem König. Dieser eilte sofort zu dem Mann und begann mit einem Stock auf ihn einzuschlagen.

Der Mann wehrte sich nicht – doch es geschah etwas Eigenartiges: Als der Stock seinen Körper traf, verspürten alle einen Schmerz, so als ob der Stock die eigene Haut verprügelt hätte. Alle Bewohner des Landes, der König eingeschlossen, schrien auf vor Schmerz.

Der König, aufs Äußerste verwirrt, ließ ab von dem seltsamen jungen Mann und ließ ihn seiner Wege ziehen. Nach ein paar Schritten löste sich dieser in Luft auf.

Als der König das sah, begriff er, dass der Herr selbst ihn besucht hatte und dass Gott ihm zeigte, dass sein Bewusstsein in allen Lebewesen gegenwärtig ist. Der König spürte darüber hinaus, dass Gott ihn wegen der schlechten Behandlung seines frommen Ministers indirekt tadelte. Er ging direkt ins Gefängnis und verfügte die Freilassung seines Ministers und seine Wiedereinsetzung ins Amt. Der König ließ seinen Minister frei mit dem Geständnis: "Da ich glaubte, das Vermögen des Palastes gehöre mir, bestrafte ich dich. Doch nun erkenne ich, dass alles Gott gehört und du das Geld tatsächlich auf die richtige Weise ausgegeben hast."

Wenn wir erkennen, dass unser Wahres Selbst das Reine Bewusstsein ist – dass wir eins sind mit Gott – begreifen wir, dass, was auch immer in den drei Zuständen Tiefschlaf, Traum und Wachsein geschieht, unser wahres Wesen weder berühren noch begrenzen kann.

Diese Freiheit von Zeit und Raum oder *jivanmukti* ist die Quelle von grenzenlosem Frieden und Glückseligkeit und das Ziel der menschlichen Seele.

Kapitel 3

Sich über die relative Wirklichkeit erheben

„Nur wer erwacht ist, kann andere erwecken."

– Amma

„Es ist die letzte aller menschlichen Freiheiten, unter allen gegebenen Umständen eine eigene Haltung zu wählen, und das heißt den eigenen Weg zu wählen."

– Victor Frankl

Einst ging ein Mann nach seiner Ankunft in einem fremden Land auf den Marktplatz. Dort entdeckte er eine begehrenswerte Frucht, die er nie zuvor gesehen hatte. Überzeugt davon, dass sie köstlich schmecken werde, kaufte er sich einen ganzen Korb davon und setzte sich auf eine Bank, um sie zu genießen. Mit großer Lust biss er in die erste Frucht, doch sie schmeckte sehr scharf und pikant. Er warf sie weg und dachte: „Vielleicht habe ich eine schlechte Frucht erwischt. Versuche ich doch mal eine andere." Diese war genauso feurig. Er leckte sich die brennenden Lippen, versuchte sein Glück nochmals und biss in eine dritte Frucht. Es geschah dasselbe. Da er meinte, nur die oben liegenden Früchte seien ungenießbar, probierte er alle im Korb von oben bis unten. Jede Frucht war schärfer als die vorige und Tränen liefen ihm übers Gesicht. Der Mann gab jedoch nicht auf. Erst als er alle Chilis probiert hatte, musste er sich eingestehen, dass diese neue „Frucht" nicht das war, was er sich vorgestellt hatte.

Wir mögen über die Verrücktheit dieses Mannes lachen, aber sind wir nicht ähnlich unfähig und unwillig, aus unseren Fehlern zu lernen? Versuchen wir denn nicht auch unablässig, Zufriedenheit durch alles Mögliche zu erlangen – um am Ende, genau wie zu Beginn, mit nichts als bitteren Früchten belohnt zu werden?

Swami Purnamritananda, einer von Ammas langjährigen Jüngern, erzählt die folgende Anekdote. Eines Tages, als er für Amma übersetzte, kam ein Mann mit einem Ausdruck von Verzweiflung und größtem Kummer zu Amma. Als sie fragte, was das Problem sei, erklärte der Mann, er suche seit Monaten eine Arbeit und könne nirgendwo eine finden und jetzt denke er sogar an Selbstmord. Amma tröstete ihn und bat ihn, sich neben sie zu setzen. Kurz darauf erklärte ein anderer mutloser Mann Amma, er habe so viel Druck bei der Arbeit und finanzielle Belastungen, weshalb er glaube, es sei besser für ihn zu sterben. Amma trocknete ihm die Tränen und forderte auch ihn auf, sich neben sie zu setzen. Nach einer Weile kam ein Ehepaar mit Tränen in den Augen zu Amma und erklärte, sie hätten selbst nach vielen Jahren medizinischer Konsultationen kein Kind bekommen. Und bald danach kam ein weiteres Paar mit schwerem Herzen zu Amma und sagte, ihr einziges Kind verleugne sie und habe sogar bei Gericht Klage gegen sie eingereicht. Später kam eine ältere Frau und berichtete unter Tränen, sie habe bisher keinen Ehemann gefunden und fürchte nun zu alt zu sein für einen interessierten Mann. Schließlich kam eine andere Frau und erzählte, ihre Ehe habe ihr Leben zur wahren Hölle gemacht.

So kamen also einige Menschen zu Amma und wollten etwas, was andere hatten und loswerden wollten. Alle hatten etwas gemeinsam – sie waren unglücklich und gaben ihren gegenwärtigen Lebensumständen die Schuld.

Es gibt eine alte römische Fabel vom Esel, der nie zufrieden war. Zuerst gehörte der Esel einem Kräuterhändler. Da er meinte, sein Herr gäbe ihm zu wenig Futter und zu viel Arbeit, bat er den römischen Gott Jupiter, ihn von seinem gegenwärtigen Dienst zu befreien und einem anderen Herrn zuzuweisen. Jupiter warnte ihn, er werde seine Bitte bereuen; da der Esel jedoch darauf bestand, sorgte Jupiter dafür, dass er an einen Maurer verkauft wurde. Als der Esel bald darauf feststellen musste, dass er noch schwerere Lasten zu tragen und in der Ziegelei noch härter arbeiten musste, bat er Jupiter erneut um Wechsel zu einem anderen Meister. Jupiter sagte ihm, das sei jetzt das letzte Mal, dass er ihm seine Bitte erfüllen könne. Der Esel war einverstanden und Jupiter ordnete an, dass er an einen Gerber verkauft wurde. Als der Esel merkte, dass er in noch schlimmere Hände geraten war, schrie er: „Es wäre für mich besser gewesen, wenn ich entweder bei dem einen Besitzer verhungert wäre oder mich bei dem anderen überarbeitet hätte, als verkauft zu werden an meinen jetzigen Besitzer, der mein Fell gerben und mich sogar nach meinem Tod noch ausnutzen wird."

In Wahrheit beschert keine Veränderung äußerer Lebensumstände uns dauerhaft Frieden und Glück. Jede Lösung bringt Probleme mit sich, für die wieder neue Lösungen gefunden werden müssen.

Mitunter werden wir Problemen ausgesetzt, für die es keine äußeren Lösungen gibt und wir können in ausweglose Lebensumstände geraten. Einigen Lesern ist vielleicht die Biografie von Victor Frankl bekannt, dem jüdischen Psychiater, der während des Holocausts drei Jahre in Konzentrationslagern zubrachte. Frankl verlor seine Frau, seinen Bruder und seine Eltern in den Konzentrationslagern. Er wusste nie, ob er nicht am nächsten Tag auch exekutiert werden würde. Frankl erkannte jedoch, dass er sich – was immer man ihm auch nahm und welchen Demütigungen und Gräueln er auch ausgesetzt war – stets das bewahrte, was er später „die letzte aller menschlichen Freiheiten" nannte. Selbst als ihm jede äußere Freiheit genommen worden war, erkannte er, dass seine innere Freiheit darin bestand zu widerstehen oder sich zu ergeben. Da er das, was er durchmachte, losgelöst beobachtete, konnte er seine Reaktion frei wählen. Er konnte wählen betroffen zu sein oder unbetroffen zu bleiben. Indem er sich sozusagen von seiner objektiven Welt loslöste – durch seine Erkenntnis, dass diese nur relativ wirklich war und dass seine innere Wahrnehmung davon unberührt blieb – konnte er bis zu einem gewissen Grad seine Gefühle kontrollieren und seinen Mithäftlingen psychische Hilfe leisten. Während seiner Gefangenschaft in den Lagern war er für die anderen Gefangenen ein Hoffnungsschimmer und eine Inspiration, und er konnte sogar den einen oder anderen Wachposten positiv beeinflussen. Victor Frankl erkannte, dass die einzig wirkliche Lösung der Probleme menschlichen Leidens darin liegt, über die relative Wirklichkeit der objektiven Realität hinauszugehen.

Amma sagt, dass wir unseren Nachbarn, wenn er ein Problem hat, trösten und ganz ruhig beraten können; doch wenn wir selbst uns in einer ähnlichen Situation befinden, werden wir von Gefühlen überwältigt. Wir sollten denselben Abstand zwischen uns und unseren Problemen schaffen können wie zu den Problemen unseres Nachbarn. Dieser Prozess des Sich-Distanzierens bedeutet, dass wir größere Bewusstheit entwickeln. In Wahrheit sind wir nicht die Probleme unseres Lebens, so wie wir auch nicht Körper, Gemüt und Verstand sind, denen diese Probleme widerfahren. Unser wahres Selbst ist Reines Bewusstsein, das in sich selbst nichts erfährt, sondern Erfahrung möglich macht. Dieses beobachtende Bewusstsein ist die absolute Wirklichkeit. Wir sollten lernen, uns mit dem beobachtenden Bewusstsein zu identifizieren, d.h. die Probleme zu sehen, anstatt uns mit ihnen zu identifizieren. Dieses kontinuierliche Bewusstsein wird uns helfen, uns mit der absoluten Wirklichkeit zu identifizieren und uns nicht mehr von den Prüfungen und Widrigkeiten des irdischen Lebens überwältigen zu lassen.

Wären wir in der Lage zu träumen, ohne unseren Wachzustand zu vergessen, könnten wir uns im Traum darauf besinnen, dass dort alles unsere eigene Schöpfung ist. Würden wir dann im Traum jemandem begegnen, der nicht bereit wäre zu glauben, dass es eine wache Person und einen Wachzustand gibt, würden wir ihm raten, aufzuwachen und zu erkennen, dass er tatsächlich derjenige ist, der aufgewacht ist.

Dementsprechend sind wir noch nicht imstande zu akzeptieren, dass es jenseits dieser Wirklichkeit eine andere Wirklichkeit gibt, und dass alles, was wir sehen, fühlen und erfahren, unsere eigene Schöpfung ist. Amma versteht dies und möchte, dass wir das genauso gut verstehen, gerade so wie derjenige, der sich im Traum nicht selbst vergessen hat.

Kürzlich unternahmen die meisten Ashram-Bewohner die dreistündige Fahrt zu Ammas Programm in Trivandrum. In der Nacht vor dem Programm kam Amma plötzlich gegen ein Uhr nachts aus ihrem Zimmer, ging in der Schule, in der alle schliefen, von Raum zu Raum, schaltete das Licht an und weckte alle auf. Sie stand in der Tür und bat ihre Kinder liebevoll, nach draußen zu kommen und ein oder zwei Stunden an dem Platz am Meer, wo das Programm stattfinden sollte zu helfen. Tausende Stühle mussten für das Programm am nächsten Abend aufgestellt werden und Amma wusste, dass diese Arbeit in der Hitze des kommenden Tages unerträglich sein würde. Sie zwang niemanden und sagte nur, wer Lust dazu habe, könne aufstehen und helfen. Normalerweise sind wir nicht gerade glücklich, wenn wir mitten in der Nacht aufgeweckt werden und schon gar nicht, wenn wir aufstehen sollen, um dreißig Meter lange Gräben in einen Sandstrand zu graben. Als jedoch Amma das tat, ließ sich jeder begeistern. Alle wussten, Amma tat das nur, um ihnen spätere Unannehmlichkeiten zu ersparen und folgten deshalb willig ihren Anweisungen. Das ist Ammas Geheimnis. Ihre Kinder vertrauen völlig darauf, dass alles, was Amma von ihnen erbittet, nicht Ammas persönlichem Wohlergehen dient, sondern ihrem eigenen. Deshalb folgen so viele Menschen Amma und kann sie eine so große, hingebungsvolle Menge von Freiwilligen aktivieren. Wenn sie uns ruft, aus unserem Schlummer aufzuwachen, wissen wir, dass sie uns in eine Welt ruft, die besser und strahlender ist als diejenige, in der wir uns gegenwärtig befinden.

Neulich wurde ein zwei Wochen altes Baby zu Amma zum Darshan gebracht. Während Amma das schlafende Baby in den Armen hielt, begann sie dem Baby ins Gesicht zu blasen. Das Baby reagierte nicht. Amma blies erneut und wieder reagierte es nicht; es verharrte in tiefem Schlaf. Amma gab aber nicht auf und blies weiterhin sanft über Augen und Gesicht des Babys, bis sich schließlich die Finger des Kindes bewegten. Es schien aufzuwachen, fiel dann aber wieder in tiefen, bewegungslosen Schlaf. Amma blies weiter, bis sich die Augen des Babys einen Spalt weit öffneten. Jeder um Amma herum freute sich und ermutigte Ammas Bemühungen, das Baby aufzuwecken, um diesen gesegneten Augenblick zu erleben. Als sich die Augen des Babys erneut schlossen, blies Amma ihm weiterhin sanft ins Gesicht. Amma gab trotz der wiederholten Versuche nicht auf, sie ermüdete nicht in ihren Bemühungen – bis das Baby schließlich aufwachte und in ihre Augen schaute.

Amma hat es sich zur Aufgabe gemacht, uns aufzuwecken. Sie wird nicht aufgeben – wie lange auch immer es dauern wird und wie oft wir auch beginnen uns zu bewegen, um dann erneut wieder in tiefen Schlaf zu fallen. Mögen wir alle bald erwachen.

Kapitel 4

Weltliche Verlockungen
überwinden

„Alle fühlen sich zu demjenigen hingezogen,
der seine Seele erobert hat."

– Thiruvalluvar

Viele Jahre vor meinem Eintritt in den Ashram hatte in der Nähe meiner Wohnung eine berühmte Schauspielerin einen Auftritt – sie war auf dem Höhepunkt ihrer Karriere. Scharen junger Leute umgaben sie in der Hoffnung, ihr die Hand zu schütteln, ein Autogramm zu erhalten oder ein Photo von ihr zu schießen. Jahrzehnte später – ich war unterwegs zu einem von mir geleiteten Programm – kam ich an einer Bühne vorbei, auf der sich zufällig diese Schauspielerin befand. Inzwischen war sie eine ältere Dame geworden und es war auffallend, dass lediglich einige Mitarbeiter um sie waren. All die jungen Leute scharten sich um eine viel jüngere Schauspielerin. Diese strahlte, dass sie mit so viel Aufmerksamkeit und Bewunderung überschüttet wurde, offensichtlich ohne sich auch nur im Geringsten bewusst zu sein, dass auch sie eines Tages dasselbe Schicksal erleiden würde wie ihre Vorgängerin.

Wir fühlen uns im Leben von Vielem körperlich oder emotional angezogen, wobei das meiste, was uns verlockt, vergänglicher Natur ist. Beispielsweise kann uns jemand aufgrund seiner physischen Erscheinung anziehen, doch sobald die körperliche Schönheit verblasst, lässt auch die Anziehungskraft nach.

Das heißt nun nicht, dass wir bekümmert an die Zukunft denken sollten; vielmehr ist es wichtig, uns auf die Vergänglichkeit der Welt zu besinnen und sie würdevoll zu akzeptieren. Erst wenn wir die wechselhafte Natur der Welt hinnehmen, können wir das gewinnen, was unwandelbar bzw. unser Wahres Selbst ist. Und nicht nur das: Amma sagt, die Tage vergehen, egal ob wir lachen oder weinen – deshalb ist es besser zu lachen. Dies im Hinterkopf möchte ich einen Witz erzählen.

Eine Frau mittleren Alters erlitt einen Herzinfarkt und wurde ins Krankenhaus gebracht. Als sie auf dem Operationstisch lag, hatte sie eine Nah-Tod-Erfahrung. Sie sah den grimmigen Tod vor sich und schluckte: „Ist meine Zeit vorbei?" Der Tod antwortete: „Eigentlich nicht. Du hast noch 43 Jahre, 2 Monate und 8 Tage zu leben." Diese Nachricht machte die Frau überglücklich und als sie sich von der Operation erholt hatte, beschloss sie in der Klinik zu bleiben und sich Facelifting und Botox-Injektionen verabreichen und das Bauchfett absaugen zu lassen. Sie bestellte zusätzlich jemanden zum Haarefärben und zum Aufhellen ihrer Zähne. Da nun so viel mehr Lebenszeit vor ihr lag, wollte sie das Beste daraus machen.

Nach ihrer letzten Operation wurde sie schließlich aus der Klinik entlassen. Beim Überqueren der Straße, auf ihrem Weg von der Klinik nach Hause, wurde sie von einem Krankenwagen angefahren. Als sie erneut den Tod vor sich sah, fragte sie fordernd: „Ich dachte, du hättest gesagt, ich hätte weitere 43 Jahre zu leben. Warum hast du mich nicht zurückgerissen, als der Krankenwagen kam?" Der Tod antwortete: „Tut mir leid – ich habe dich einfach nicht erkannt."

Natürlich gibt es nicht nur körperliche Faszination. Es kann uns jemand aufgrund seiner Persönlichkeit, Talente oder intellektuellen Fähigkeiten anziehen. Diese geistige Anziehung währt vermutlich länger als die körperliche, doch auch sie ist vergänglich. Werden zwei Menschen wegen „unvereinbarer Differenzen" geschieden, zeigt sich, dass diese zweite Art von Anziehung nun auch vergangen ist.

Eine Frau, die gerade ihre Scheidung eingereicht hatte, wurde von ihrer Freundin getröstet und sagte dann ganz unvermittelt: „Weißt du, ich hätte ihn direkt nach den Flitterwochen verlassen sollen." „Warum?" fragte ihre Freundin. „Weil er mir versprochen hatte", erklärte sie, „mit mir zu den Niagara-Fällen zu reisen, doch das einzige, was er schließlich tat, war Folgendes: Er fuhr mit mir mehrere Male ganz langsam durch die Autowaschanlage."

Die dritte Form von Anziehung ist unvergänglich: Es ist die Anziehungskraft des *atman* oder Höchsten Selbst. Diese Anziehung spüren wir, wenn wir Amma anschauen. Die meisten von uns müssen sich sehr anstrengen, um die Aufmerksamkeit anderer Menschen zu erhalten. Selbst ein Komödiant muss ständig witzig sein, sonst hören ihm die Leute nicht mehr zu und schauen woanders hin. Mit Amma ist das ganz anders. Was immer sie auch sagt oder tut – die Menschen können die Augen nicht von ihr lassen.

Amma spielte kürzlich während eines ihrer Auslands-Programme, am Ende eines abendlichen Darshans, mit Spielsachen, die ihr jemand geschenkt hatte. Sie probierte eine Schleuder aus, mit der sie einen Stoffaffen immer wieder durch die Luft fliegen ließ. Jeder, der zuschaute, musste lachen und war entzückt. Hätte ich das getan, wären die Menschen darüber nicht so erheitert gewesen, sondern hätten Amma darüber informiert, dass mit einem ihrer Swamis etwas nicht stimme. Doch als Amma genau das tat, waren alle Zuschauer von Glück und Freude erfüllt. Selbst wenn Amma etwas ganz Normales tut, ist jeder gefesselt. Amma beschloss eines Morgens nach dem Darshan, während der Südindien-Tour 2007 in ihrem Ashram in Madurai, die für

Kerala typische Süßspeise *Unniyappam* zuzubereiten. Als die Ashrambewohner und diejenigen, die mit Amma reisten das hörten, gingen alle aufs Dach, wo Amma die Süßspeise frittierte. Würde jemand anderer das Gleiche tun, käme niemand freiwillig zum Zuschauen; es würde einem bestimmt etwas einfallen, was man lieber täte. Hier aber schauten 300 Erwachsene in der nächsten halben Stunde einfach zu, wie Amma Unniyappam zubereitete. Es wurde nicht viel gesprochen, weder von Amma noch von ihren Kindern. Alle waren einfach fasziniert und hingen mit den Augen an Amma, an jeder ihrer Bewegungen und Gesten. Was faszinierte denn so? Warum war jeder so hingerissen? Oberflächlich betrachtet stand da nur eine Frau, die Snacks frittierte. Wegen unseres Hingezogenseins zu Amma bezaubert jeder Gegenstand, den sie benutzt, jeder Ort, an dem sie sich aufhält und alles, was sie tut. Was aber fasziniert uns so an Amma?

Amma selbst beantwortet diese Frage: „Wenn wir eine reife Frucht anschauen, sieht sie immer saftig und verlockend aus. Eine voll erblühte Blume sieht so schön und bezaubernd aus. Wer die wahre Natur des Selbst erkannt hat, ist so wie eine voll erblühte Blume oder eine vollkommen reife Frucht."

Jede göttliche Eigenschaft ist wie ein Blütenblatt dieser voll erblühten Blume. Wenn wir zehn Menschen fragen, warum sie so von Amma fasziniert sind, bekommen wir wohl zehn verschiedene Antworten. Einige werden angezogen von Ammas Geduld, andere von ihrer Demut oder von ihrer Unschuld, wieder andere von ihrer Reinheit oder von ihrem Mitgefühl und andere von ihrer bedingungslosen Liebe. Wieder andere sind fasziniert von Ammas Erkenntnis des *atman* oder des Wahren Selbst. In „*Manase Nin Svantamayi*", einem Bhajan, den Amma oft singt, heißt es: „Der Herr zieht hingebungsvolle Seelen an wie ein Magnet das Eisen."

Und es heißt darin weiter, dass wir stets von der Seele und nicht vom Körper angezogen werden. Amma singt: „Selbst dein Liebster, für den du dich abgemüht hast – mitunter ohne Rücksicht auf dein eigenes Leben – wird sich fürchten vor dem Anblick deines toten Körpers und dich nicht begleiten auf deiner Reise nach dem Tod." Wenn die Seele nicht mehr im Körper ist, zieht uns dieser nicht länger an. Unsere natürliche Anziehung gilt eigentlich der Seele und wir lieben den Körper nur, weil die Seele in ihm wohnt.

Auf Ammas Nordamerika-Tour 2007 passierte Folgendes im Flughafen auf dem Weg von Seattle zu Ammas San-Ramon-Ashram in Kalifornien: Wir standen Schlange vor der Sicherheits-Kontrolle, als der Sicherheitsbeamte auf eine der mit uns reisenden indischen Devotees zuging. Er schaute sie an und sagte: „Sah ich Ihr Gesicht nicht in Seattle auf der Rückseite des Busses?" Leicht erstaunt erwiderte sie ihm, dass sie nicht diese Dame sei, dass die Person, auf die er sich beziehe, jedoch in wenigen Augenblicken da sein werde. Und schon kam Amma herein und stellte sich in eine der Schlangen vor der Sicherheits-Kontrolle, etwa fünf Meter entfernt von dem Posten des Sicherheitsbeamten. Als die Inderin dem Sicherheitsbeamten zeigte, wo Amma stand, fragte er voller Unschuld: „Würde sie mich einfach umarmen, wenn ich sie darum bitten würde? Käme ihr das nicht seltsam vor?"

Ammas Anhängerin versicherte ihm, dass Amma jeden umarme, der zu ihr komme, da sie jeden als ihr Kind ansehe. Ohne die Augen von Amma abzuwenden, fuhr der Beamte fort: „Was wäre, wenn ich nur ihre Hand halten würde? Hätte sie etwas dagegen, wenn ich eine Sekunde zu ihr ginge, nur um ihre Hand zu halten?"

Erneut wurde ihm beteuert, das sei kein Problem. Das Vertrauen des Beamten wuchs, er bewegte sich langsam in Ammas Richtung, bis ihm bewusst wurde, dass niemand seine Arbeit übernähme, wenn er seinen Posten verließe. So begnügte er sich schließlich damit, zu beobachten wie Amma durch die

Sicherheitskontrolle zum Gate ging. Er schaute unablässig Amma nach, bis er sie nicht mehr sehen konnte – hypnotisiert von Ammas Gegenwart. Obwohl der Mann physisch zurückbleiben musste, als Amma die Sicherheitskontrolle passiert hatte, waren seinem Herzen Flügel gewachsen. Das einzige Ticket, das er benötigte, war seine Unschuld.

Das Göttliche ist zwar in jedem Menschen, doch wie deutlich dieses sich manifestieren kann, hängt von der Reinheit des individuellen Geistes ab. Da der Geist des Mahatma absolut rein ist, leuchtet das Göttliche viel strahlender aus ihm als das bei einem gewöhnlichen Menschen der Fall ist. Zur Veranschaulichung benutzt Amma den Vergleich einer Niedrigwatt-Glühbirne mit einem 10 000 Watt-Flutlicht. Durch beide fließt derselbe elektrische Strom, doch das Flutlicht sendet mehr Licht aus als die Glühbirne. Genauso ist es mit dem Geist eines Mahatmas: Er ist so rein und friedlich, dass alle Wesen in seiner Nähe diesen Frieden verspüren, nach dem Gesetz der Resonanzschwingung. Wenn wir den innerlichen Frieden, den wir erfahren, mit einem Mahatma assoziieren, entwickelt sich in uns eine Anziehung, die eigentlich ein Hingezogensein zum *atman*, unserem Wahren Selbst ist. Aus diesem Grund sind das physische Erscheinungsbild und andere Eigenschaften eines Mahatmas nicht von Belang. Es gab einmal einen spirituellen Meister, der nichts Besonderes tat. Er saß einfach da, trug lediglich ein Lendentuch, sprach nicht viel, und das bis ins hohe Alter. Es kamen unablässig Menschen zu ihm, da seine Präsenz von Liebe und Frieden erfüllt war.

Der berühmte Dichter und Freiheitskämpfer Subramanya Bharati lebte einige Zeit in Pondicherry. Dort gab es einen Obdachlosen, der in schmutzige Fetzen gehüllt war und stets ein Bündel mit unsauberen Kleidern und Abfall auf seiner Schulter trug. Den Leuten aus der Stadt war der Anblick dieses Obdachlosen unerträglich, weshalb sie jedes Mal, wenn sie ihn kommen sahen, die Straßenseite wechselten oder ihn davonjagten. Dem Dichter aber fiel ein besonderer Glanz in den Augen dieses Mannes auf und er spürte eine unerklärliche Kraft, die aus seinem Innern leuchtete. Eines Tages ging er auf den Mann zu und fragte bescheiden: „Auch wenn sich hier anscheinend jeder von Dir abgestoßen fühlt, spüre ich deutlich, dass du mehr bist, als mit den Augen wahrnehmbar ist. Kannst du mir bitte sagen, wer du wirklich bist?"

Der Obdachlose warf den Kopf in den Nacken, lachte vergnügt und sagte geheimnisvoll: „Bitte mich um etwas – was auch immer du möchtest. Dann wirst du verstehen, wer ich bin."

Da es für den Dichter nichts zu verlieren, eventuell jedoch alles zu gewinnen gab, offenbarte er dem Mann seinen kostbarsten Herzenswunsch. „Mehr als alles andere", gestand er, „möchte ich mit eigenen Augen die Göttin Kali sehen."

„Folge mir", nickte der Mann, drehte sich um und ging davon. Der Dichter, einerseits skeptisch und doch auch in einem Gefühl von Vorahnung, folgte dem Mann. Dieser führte ihn zum Dorfbrunnen und forderte ihn auf ins Wasser zu blicken. Der Dichter folgte ohne zu zögern seiner Aufforderung – und stand wie gelähmt. Auf der Wasseroberfläche spiegelte sich nicht etwa sein Gesicht – sondern er sah Kalis Bild in strahlendem Glanz. Als das Bild schließlich verblasst war, drehte sich der Dichter um und sah den Mann in völlig neuem Licht. „Deine äußere Erscheinung ist zwar ungepflegt und unappetitlich", gestand der Dichter", doch in dir trägst du wahrhaft Gott." "Äußerlich bin ich schmutzig", räumte der Mahatma ein, "doch innerlich bin ich rein. Deshalb kann ich Gott schauen und ihn auch andere schauen lassen." Während er so sprach, lachte er wieder, so als wäre dies alles nur ein vergnügliches Spiel – und ging dann seines einsamen Weges davon.

Amma sagt, wir sind immer jemandem ein Vorbild, auch wenn uns das nicht immer bewusst ist. (Es ist klug, dies bei der Wahl unserer Worte und Taten zu bedenken.) Demzufolge ahmen wir gerne Menschen nach, die uns gefallen. Möglicherweise imitieren wir ihre Frisur, ihre Gangart, ihren Kleidungsstil usw. oder kopieren sogar einen bestimmten Lebensstil und lassen uns bei wichtigen Entscheidungen beeinflussen. Sieht man eine populäre Persönlichkeit rauchen, steigt der Zigarettenverbrauch junger Leute kometenhaft in die Höhe. Und wenn ein schreckliches Verbrechen verübt wurde, gibt es manchmal Nachahmungstaten. Offensichtlich kann es also gefährlich sein, andere nachzuahmen.

Ein junger Missionar ging zum ersten Mal in ein spanisch sprechendes Land. Um Spanisch zu lernen, besuchte er eine der örtlichen Kirchen und setzte sich in die vorderste Reihe. Um sich nicht zu blamieren, suchte er sich jemanden aus, den er imitieren könnte und wählte dazu seinen Nebenmann in der ersten Reihe. Wenn der Chor sang, klatschte sein Nebenmann in die Hände – und der junge Missionar tat dasselbe. Erhob sich der Mann zum Beten, machte es ihm der junge Missionar nach – so auch, wenn dieser sich wieder setzte.

Etwas später stand der Mann neben ihm wieder auf – auch der Missionar. Plötzlich legte sich eine große Stille über die ganze Gemeinde, einige zogen hörbar die Luft ein. Der Missionar sah sich um und bemerkte, dass sonst niemand stand. Nach dem Gottesdienst begrüßte der junge Missionar den Pfarrer, der zu ihm sagte: "Ich nehme an, dass Sie kein Spanisch sprechen", worauf der Missionar erwiderte: "Nein. Fällt das denn so auf?" "Nun ja, eine Zeitlang nicht, bis ich verkündete, dass die Familie Acosta kürzlich mit einem Neugeborenen gesegnet wurde und ich darum bat, dass der stolze Vater aufstehen möge."

Man sagt: "Da das Äußere so sehr täuschen kann, sollten die Menschen eigentlich wie auf den Lebensmittelverpackungen ihre

Zutaten klar angeben." Stellt euch vor, jeder trüge einen Aufkleber mit der Beschreibung all seiner Zutaten. Beispielsweise könnte auf dem Aufkleber eines gutaussehenden Mannes stehen, er enthalte nur 10% der empfohlenen Tagesdosis Freundlichkeit, jedoch 200% der empfohlenen Tagesdosis Arroganz – wie viele Frauen würden dann mit ihm flirten wollen? Sicherlich würden sie das Weite suchen, sobald sie seinen Aufkleber lesen würden. Oder was wäre, wenn auf der Zutatenliste einer sehr schön wirkenden Frau zu lesen wäre, dass sie nur 5% der empfohlenen Tagesdosis an Geduld enthalte, jedoch 250% der empfohlenen Tagesdosis Eifersucht? Dazu im Gegensatz würde die Zutatenliste eines Mahatmas – wie bei einem Multivitamin-Präparat – ausschließlich positive Eigenschaften aufweisen: 1000% der empfohlenen Tagesdosis Geduld, Liebe, Freundlichkeit, Mitgefühl und Frieden und 0% negative Eigenschaften.

Da es aber leider solche Aufkleber für Menschen nicht gibt, müssen wir lernen zu unterscheiden, wenn wir von jemandem fasziniert sind. Wir sollten nach innen schauen und herausfinden, um welche Art von Anziehung es sich handelt und versuchen, nur lange Währendes zu pflegen, das uns wohltut. Offensichtlich ist dies die Anziehung des Wahren Selbst. Wenn wir uns vom Wahren Selbst in Gestalt eines Mahatmas angezogen fühlen, verbessert sich unser ganzes Leben. Amma sagt: „Bereits ein Blick, ein Wort oder eine Handlung eines Mahatmas kommen uns zugute".

Fühlen wir uns zu einem normalen Menschen hingezogen, geraten wir oft in totale Abhängigkeit, bis hin zum völligen Verlust unserer Eigenständigkeit. Geben wir uns jedoch der Anziehungskraft eines wahren Meisters (oder Meisterin) hin, wird uns der Meister aus der Abhängigkeit in die vollendete Freiheit führen, indem er uns langsam in die Erkenntnis unserer wahren Natur geleitet.

Vor vielen Jahren erhielt ich von Amma den Auftrag, täglich Essen an die Besucher des Ashrams auszugeben. Amma hatte angeordnet, dass derjenige, der das Essen serviert, erst dann essen solle, wenn alle anderen gegessen haben. Wenn alle gegessen hatten, säuberte ich den Fußboden der Essenshalle und aß anschließend selbst. Ich empfand diese Aufgabe als nicht sehr interessant und fragte mich, wann Amma mir wohl einen anderen Bereich übertragen würde. Eines Tages kam Amma in die Essenshalle und begann selbst Essen zu servieren, das sie allen zum Sitzplatz brachte. Ich ging hinter ihr her und teilte eine Beilage aus. Als die Devotees gegessen hatten, schrubbte Amma persönlich den Boden der Essenshalle, obwohl ich vergeblich versuchte, sie davon abzuhalten. Als ich tags darauf servierte, hatte ich sehr deutlich vor Augen, wie Amma es am Tag zuvor gemacht hatte. Ich stellte fest, dass sich meine Einstellung zu dieser Arbeit völlig verändert hatte. Bei der Vorstellung, dass Amma diese Aufgabe am Vortag übernommen hatte, vermochte ich sie jetzt voller Enthusiasmus und liebevoller Hingabe auszuführen. Obwohl dies schon viele Jahre her ist, lebt die Erinnerung an jenen Tag noch so stark in mir, dass ich nie eine Gelegenheit versäume, Essen an Ashrambesucher auszugeben.

Ein anderes, mehrere Jahre zurückliegendes Ereignis wirkte sich ähnlich tief auf einen der *brahmacharis* (Mönch) aus. Eines Tages hielt Amma während eines Darshans plötzlich inne; ihre Aufmerksamkeit schien woanders zu weilen. Dann sagte sie: „Die Kuh muht." Ich war erstaunt darüber, weil gerade laut Bhajans gesungen wurden und der Kuhstall ziemlich weit entfernt von der Darshan-Hütte lag. Niemand außer Amma hatte die Kuh gehört. Amma stand unverzüglich auf, bat die Anwesenden auf ihre Rückkehr zu warten und ging in Richtung Kuhstall. Dort stellte sie fest, dass die Kuh an diesem Tag weder gefüttert noch gesäubert worden war. Sie war vom eigenen Kot verschmutzt.

Amma rief den Brahmachari, dem die Pflege der Kuh anvertraut war und fragte ihn, warum die Kuh in solch erbärmlichen Zustand sei. Der Brahmachari bekannte, am Morgen verschlafen zu haben und deshalb seinen Verpflichtungen im Kuhstall nicht nachgekommen zu sein, um nicht zu spät zur morgendlichen Meditation zu kommen.

Amma fragte ihn daraufhin: „Wie würdest du dich fühlen, wenn jemand vergessen hätte, dir Essen zu bringen oder wenn du den ganzen Tag schmutzig herumlaufen müsstest, ohne ein Bad nehmen zu können? Es ist auch eine Form von Meditation, wenn du deine Pflicht ordentlich ausführst. Tatsächlich ist die Sorge um die Bedürfnisse der Tiere, die nicht sagen können, was sie möchten oder benötigen, nicht weniger wichtig als Meditation."

Daraufhin fütterte und reinigte Amma die Kuh selbst. Der Brahmachari wollte es ihr abnehmen, doch Amma bestand darauf, diese Arbeit selbst zu verrichten. Diese Erfahrung beeindruckte den jungen Mann zutiefst, da er als Kind verhätschelt worden und nicht gewohnt war, selbst Hand anzulegen. Da er nun sah, mit welcher Liebe und Aufmerksamkeit Amma die Kuh versorgte, versäumte er fortan nie mehr seine Pflichten im Kuhstall.

Ehe Amma den Kuhstall verließ, erzählte sie dem Brahmachari folgende Geschichte. Ein Arzt verehrte die Göttliche Mutter sehr. Eines Tages erschien ihm die Göttin während seiner Meditation. Während er sich an dieser plötzlichen Erscheinung erfreute, hörte er jemanden vor der Tür seines Hauses weinen. Er stand unverzüglich auf und lief zu dem Patienten, um ihn zu versorgen. Nach der Behandlung des Patienten kehrte er in seinen Andachtsraum zurück und sah zu seiner Überraschung, dass die Göttliche Mutter noch immer da war. Voller Reue darüber, dass er die Göttin hatte warten lassen, entschuldigte er sich vielmals, dass er sie verlassen hatte. Sie antwortete: „Du hast es richtig gemacht. Ich wäre augenblicklich wieder verschwunden, wenn du nicht hinausgegangen wärest, um dich um die Not des Kranken zu kümmern. Da du jedoch das Glück eines anderen über dein eigenes gestellt hast, hatte ich das Bedürfnis, hier auf dich zu warten. Gott folgt immer demjenigen, der anderen selbstlos dient."

Es ist diese von Gott oder dem Guru ausgehende Anziehungskraft, die uns letztendlich über die konkrete Wirklichkeit hinausführt. Eines Abends im Jahr 2006 sagte Amma während ihrer Europatour kurz vor Beginn des Devi Bhava Darshan: „Meine Aufmerksamkeit geht unentwegt nach Amritapuri. Ich fühle mich so zu meinen Ashramkindern hingezogen." Ich achtete nicht sonderlich auf diese Bemerkung, bis Amma später am Darshanende über Webcam mit den Ashram-Bewohnern sprechen konnte. Im Ashram war eine große Leinwand aufgestellt, auf der die Bewohner Amma sehen konnten – und sie wiederum konnte alle Gesichter sehen, die sich vor der Kamera versammelt hatten.

Während sie liebevoll auf die Gesichter ihrer Kinder im Ashram schaute, sagte sie: „Es sind einige Wochen vergangen, seitdem ich euch gesehen habe. Wie geht es euch allen? Habt ihr Amma etwas zu erzählen?" Als die Ashrambewohner Ammas Worte hörten, riefen alle wie mit einer Stimme: *„Ammaaaa! Ammaaaa!"* Amma wiederholte neugierig ihre Frage: „Meine Kinder, habt ihr Amma nichts zu erzählen?" Wieder riefen alle zusammen: *„Ammaaaa! Ammaaaa!"*

Als ich diese Szene beobachtete, begriff ich, warum Amma sich so zu ihren Kindern in Amritapuri hingezogen gefühlt hatte. Der Geist der Ashrambewohner war ganz von Amma erfüllt. Sie hatten keine Wünsche oder Probleme, sondern wollten einfach nur ihre wunschlose, überwältigende Liebe ausdrücken. Amma zog sie nicht etwa den anderen vor, sondern konnte einfach nicht anders, als an sie zu denken. Amma sagt, dass ein Fluss nicht in die eine oder andere Richtung fließen möchte – er fließt einfach. Wenn man jedoch direkt am Fluss einen Graben anlegt, wird der

Fluss natürlicherweise in diesen Graben fließen. Genauso kann auch der Guru, wenn wir solch starkes Verlangen nach Gott oder dem Guru entwickeln, nicht anders als sich uns zuzuwenden.

Ein anderes Ereignis während derselben Europa-Tour zeigt, wie stark sich Ammas Anhänger und Anhängerinnen zu ihr hingezogen fühlen. Amma war nach einem außergewöhnlich langen Darshan auf dem Weg zu ihrem Zimmer in der Halle, wo sie sich während der kurzen Pause zwischen dem Morgen- und Abendprogramm aufhielt. Zu beiden Seiten des Weges standen die Devotees. Amma berührte ihre Hände und hielt oft an, um zu dem einen oder anderen zu sprechen. Die Devotees wiederum nutzten diese Gelegenheit zu einer zusätzlichen Umarmung von Amma. Ich wandte mich an Amma mit der Bemerkung: „Diese Leute haben heute schon Darshan bekommen und werden dich schon in wenigen Stunden wiedersehen ... du solltest diese Zeit für eine Ruhepause nutzen."

Amma erwiderte: „Nichts macht mich glücklicher als bei meinen Kindern zu sein. Was denkst du, wofür ich sonst hier bin?"

In einer Beziehung müssen sich beide Partner zueinander hingezogen fühlen. Lasst uns deshalb zuerst unsere Zuneigung zu Amma entwickeln und uns bemühen, auch für sie attraktiver zu werden. Dies werden wir nicht etwa, wenn wir noch mehr Makeup auftragen oder teure Kleider anziehen, sondern nur, wenn wir positive Eigenschaften wie Freundlichkeit, Mitgefühl und Selbstlosigkeit entwickeln.

Vor einigen Jahren kam ein junger Mann aus Rameswaram an der Ostküste Tamil Nadus nach Amritapuri, um Amma erstmals zu begegnen. Er traf erst nach Darshanende ein. Da er vor dem Darshan nicht essen wollte, fastete er den ganzen Tag. Als er am nächsten Tag Ammas Darshan erhielt, brach er weinend bei Ammas Umarmung zusammen. Als Amma ihn fragte, was nicht in Ordnung sei, erklärte er, die Menschen in seinem Ort seien so arm und leidend. Er fügte hinzu, er würde so gerne etwas zu ihrer Notlinderung tun, ohne zu wissen, was und deshalb habe er seinen Appetit verloren und könne nicht mehr gut schlafen. Der junge Mann bat Amma inständig, die Menschen seines Ortes zu segnen.

Amma war von seinem Mitgefühl so berührt, dass sie ihm versicherte, sie werde etwas für die Einwohner seines Heimatortes tun. Bald darauf veranlasste sie den Bau von 108 Häusern für Arme in dieser Stadt, richtete kostenlose medizinische Camps ein, baute eine chirurgische Klinik und unterstützte Schüler finanziell bei ihrer Ausbildung. Als die Häuser schließlich bezugsfertig waren und weitere Hilfsaktionen liefen, besuchte Amma erstmals diese Stadt.

Der junge Mann, der zu Amma gekommen war, um sie um Hilfe zu bitten, engagierte sich sehr in Ashramprojekten. Amma bat ihn nach dem Tsunami in Asien im Jahr 2004, nach Sri Lanka zu gehen, um bei der Errichtung neuer Häuser für Tsunami-Opfer mitzuhelfen. Die Arbeit dort war schwierig und gefährlich; einmal wurde er sogar von Bewaffneten umzingelt, die sein Leben bedrohten. Als er einige Zeit dort gearbeitet hatte, kehrte er nach Indien zurück und heiratete. Da es auf Sri Lanka noch einiges zu tun gab, bat er Amma zwei Wochen nach seiner Hochzeit um Erlaubnis zur Rückkehr zu den Bauarbeiten. Amma sagte: „Bist du sicher? Schließlich bist du frisch verheiratet."

Der junge Mann ließ Amma wissen, dass ihm klar sei, wie viel noch zu tun sei, bevor das Leben der Tsunami-Opfer wieder in geregelten Bahnen verlaufen könne und er fände deshalb keine Ruhe. Beim Abschied bat er Amma um prasad[3]. Als Amma es ihm gab fragte sie: „Warum bittest du um prasad? Du selbst bist Ammas prasad."

Obwohl Amma dies beiläufig sagte, war ihre Aussage sehr tiefsinnig. Was wir Gott aus ganzem Herzen weihen, wird

[3] Gesegnete Gabe oder Geschenk eines Heiligen oder eines Tempels, oft in Form von Nahrung

gesegnet und kommt als prasad zu uns zurück. Dieser junge Mann hatte sein Leben Amma geweiht und sie verwandelte sein Leben in einen Segen für die Welt.

Eines Tages saß ein kleiner Junge auf dem Schoß seiner Mutter und schaute unverwandt in ihre Augen. Doch dann huschte über seine Augen ein Anflug von Unsicherheit, was seine Mutter in ihrer Herzverbundenheit mit dem Sohn sofort bemerkte. „Was ist denn, mein Kind?"

Der Junge schaute nervös auf die rechte Hand der Mutter, die schrecklich vernarbt war – ein Finger fehlte und zwei klebten aneinander. „Obwohl du so wunderbar bist, Mama, kann ich es kaum ertragen, auf deine Hand zu schauen. Sie ist so abstoßend – wenn ich sie einmal angeschaut habe, möchte ich sie am liebsten nie mehr sehen." Seine Mutter blieb ganz ruhig und erklärte ihm: "Vor deiner Geburt brach im Nachbarhaus Feuer aus. Die Nachbarn waren außer Haus bei ihrer Arbeit, aber ich konnte drinnen die Schreie ihrer kleinen Tochter hören. Ohne zu überlegen rannte ich in das brennende Haus und schaffte es irgendwie mit dem Baby zu entkommen. Dabei fing meine rechte Hand Feuer. Deshalb sieht meine Hand so aus. "

Während der Junge den Worten seiner Mutter zuhörte, nahm er ihre vernarbte Hand in seine Hand und küsste sie behutsam. "Oh Mama, dies ist die wunderbarste Hand auf der Welt."

Es ist nur eine Frage der Zeit, bis unser jugendliches Aussehen vergeht oder unsere körperliche Schönheit durch Verletzung oder Krankheit beeinträchtigt wird. Anstatt zu verzweifeln oder über diese Unvermeidlichkeit zu grübeln, können wir einen wunderbaren Geist entwickeln. Wenn wir Liebe, Mitgefühl, Freundlichkeit und Geduld üben, entwickeln wir eine innere Schönheit, die niemals vergeht.

Kapitel 5

Der Schlüssel zum Glück

„Ich gebe immerzu, deshalb nennen
mich die Menschen ‚Mutter‘“.

– Amma

„Ich möchte Ihnen sagen, was ich von Ammas Ashram
gelernt habe: Geben. Immerzu geben...
Es gibt keine größere Botschaft als die Tatsache, dass
Amma gibt – allen Menschen aus dieser Gegend,
aus Kerala und Indien sowie der ganzen Welt.“

– Dr. APJ Abdul Kalam, ehemaliger Präsident Indiens

*E*ine Frau erläuterte ihrer Freundin das Geheimnis ihrer langen glücklichen Ehe. „Mein Mann und ich nehmen uns die Zeit, zweimal in der Woche in ein Restaurant zu gehen“, sagte sie. „Ein nettes Abendessen beim Kerzenschein, sanfte Musik und ein gemütlicher Nachhauseweg.“ „Oh!“ rief ihre Freundin aus, „das ist wunderbar – aber, weißt du, in all den Jahren habe ich euch zwei nie zusammen ausgehen sehen.“ „Genau, das konntest du auch nicht“, sagte die Frau, „er geht dienstags aus und ich freitags.“

Manche Menschen glauben, der Schlüssel zum Glück liege darin, Probleme aus dem Weg zu gehen. Selbst in Indien, von vielen als spirituelles Herz der Welt betrachtet, gibt es eine alte Philosophie, genannt Charvaka, gemäß der es keinen atman, keinen Gott, keinen Brahman[4] gibt und derzufolge der Körper nach dem Tod zu einer Handvoll Asche wird und wir aufhören zu existieren. Die Charvakas verkünden deshalb: "Mach' Geld, iss gut und sei glücklich. Wenn du nicht genügend Geld hast, um dein Leben zu genießen, leih' dir welches und trinke Ghee[5]. Wer weiß schon, wann man sterben wird?"

In jüngster Zeit vertreten sogar Wissenschaftler die These, Glück sei genetisch angelegt und wir besäßen demzufolge einen eingebauten „Glücks-Thermostat", der von unseren Erbanlagen bestimmt sei. Die Wissenschaftler meinen, wir könnten unser vorgegebenes Glücksmaß bis zu 25 % erhöhen, wenn wir regelmäßig einfachen Vergnügungen nachgingen. Das ähnelt ein wenig dem, was die Charvakas anpreisen. Diese Theorie enthält jedoch offensichtliche Mängel. Was ist mit denen, die ihre Tage nicht mit leiblichen Genüssen verbringen oder sich Geld leihen können, selbst wenn sie es wollten? Und selbst wer sich das alles leisten kann, vermag auch nur ein bestimmtes Maß an Glück innerhalb einer bestimmten Lebensfrist zu erreichen. Der Körper wird alt und krank oder zuvor schon beeinträchtigt, wodurch unsere Fähigkeit zu Sinnesvergnügen noch mehr reduziert wird. Es ist deshalb sinnvoll zu überprüfen, was die Rishis des *Sanatana Dharma* – die bekanntlich jenseits von Körper, Geist und Intellekt schauten, um die wahre Quelle von Frieden und Glückseligkeit zu entdecken – über Kunst und Wissenschaft vom Glück zu sagen haben.

Nach Aussage der indischen Schriften gibt es eigentlich drei Ebenen von Glück: *priya, moda* und *pramoda. Priya* ist die Art

---

[4] Letztendliche Wahrheit jenseits aller Eigenschaften: Allwissende, allmächtige, immergegenwärtige Essenz des Universums

[5] Traditionell war Ghee – gereinigte Butter – eine sehr teure, luxuriöse Zutat zur Verfeinerung von Speisen. Demzufolge galt Ghee zu trinken als Synonym für einen luxuriösen, genussvollen Lebensstil.

von Glück, die bei Wahrnehmung eines begehrten Gegenstandes in uns ausgelöst wird. Sobald wir dann diesen Gegenstand besitzen, wird das Glück noch stärker und wird *moda* genannt. Genießen wir ihn, wird das Glücksempfinden noch intensiver und wird *pramoda* genannt.

Sehen wir beispielsweise jemandem zu, wie er eine Tasse Macchiato-Karamel trinkt, steigt beim Gedanken an dieses schmackhafte Getränk so etwas wie ein erfreuliches Glücksgefühl in uns auf – *priya*. Bestellen wir uns selbst eine Tasse und halten sie dann in Händen, erleben wir eine höhere Stufe Glück – *moda*. Die höchstmögliche Stufe Glück in diesem Beispiel – *pramoda* – erleben wir dann beim Genuss dieses Getränkes.

Wenn wir darüber nachdenken, warum das Glücksempfinden zunimmt, zeigt sich etwas Interessantes. Die Schriften erläutern, dass unsere durch das Begehren hervorgerufene geistige Unruhe beim Genießen eines begehrten Objektes versiegt. Diese Ruhelosigkeit – bzw. das Wünschen selbst – hindert uns daran, die ewig gegenwärtige Glückseligkeit unserer wahren Natur zu erfahren.

Von einem anderen Blickwinkel aus betrachtet ist das, was sich hier abspielt, eine Form von Vergesslichkeit; für einen Moment nämlich wird der Wunsch vergessen und unser Geist dadurch ruhig. Ein stiller Geist kann die Glückseligkeit des *atman* wesentlich klarer widerspiegeln.

Dieses Phänomen zeigt sich besonders ausgeprägt in dem hohen Bewusstseinszustand von Samadhi. Das glückselige Gefühl all dieser Bewusstseinszustände entsteht dadurch, dass wir uns nicht mehr unseres Egos bewusst sind und uns nicht länger als begrenztes Individuum empfinden. Gedanken, Wünsche und Vorstellungen wie „ich" und „mein" sind wie Wolken, die das Licht der Sonne verdecken, nämlich unser Wahres Selbst oder den *atman*, der seiner Natur nach unendliche Glückseligkeit ist. Ebenso wie die Sonne sehr hell vom wolkenlos blauen Himmel scheint, leuchtet die Glückseligkeit unseres Wahren Selbst, wenn unser Geist leer geworden ist von Gedanken und Wünschen. Glück ist nicht in den äußerlichen Dingen zu finden, sondern kommt von innen.

Somit wird deutlich, dass unser Glück – selbst unsere einfachsten Lebensfreuden – letztendlich nichts mit den Dingen zu tun hat, denen wir so verzweifelt nachlaufen. Es steht vielmehr in direktem Verhältnis dazu, in welchem Maße wir unser begrenztes Selbst vergessen, wenn wir uns dieser Dinge erfreuen.

Ein Mahatma wie Amma benötigt keine Techniken zur Erlangung von Glück, da Glückseligkeit ihre wahre Natur ist. Sie ist für uns ein nachahmenswertes Vorbild. Eines der bemerkenswertesten Beispiele dieser Art war Ammas Besuch im Jahr 2004 in Mangalore im indischen Bundestaat Karnataka. Fast 100.000 Menschen warteten damals auf Ammas Umarmung. Solch eine riesige Menschenmenge hatte es noch nie gegeben. Amma erschien um 19.00 Uhr für Satsang[6] und Bhajans auf der Bühne und begann um 21.30 Uhr mit dem Darshan. Bis 16.30 Uhr am Nachmittag des nächsten Tages bewegte sich Amma nicht von der Stelle und gab unaufhörlich und mit rasanter Geschwindigkeit Darshan – mehr als 19 Stunden lang. Alle, die die Geduld hatten zu warten, empfingen an diesem Tag Ammas Darshan.

Für mich waren nicht die unendlich vielen Menschen, die von Amma in einer so langen Zeitspanne umarmt worden waren, das Bemerkenswerteste dieses Tages; es war vielmehr Ammas anschließendes Verhalten: Nach einer derartigen Marathon-Sitzung stünde eigentlich eine Woche Urlaub an, Amma jedoch nahm sich nicht einen Tag frei und hat sich eigentlich niemals

---

[6] Wörtlich "Verbundenheit mit der höchsten Wahrheit". Die höchste Form von Satsang ist Samadhi oder vollkommenes Aufgehen im Absoluten. Satsang kann auch bedeuten: sich in der Gegenwart eines spirituellen Meisters befinden; Gemeinschaft mit anderen spirituell Suchenden; spirituelle Bücher lesen oder einem Vortrag über Spiritualität zuhören.

einen freien Tag gegönnt. Wie üblich war bereits für den nächsten Tag eine neue Veranstaltung geplant. Amma stieg direkt von der Bühne ins Auto für eine achtstündige Fahrt nach Bangalore, dem nächsten Aufenthaltsort ihrer Tour.

Ich war vorausgefahren, um bei den Vorbereitungen des Programms in Ammas Ashram in Bangalore zu helfen. Auf dem Weg nach Banglore riefen mich einige Swamis an und teilten mir mit, der Darshan habe sehr lange gedauert und baten mich deshalb, dafür zu sorgen, dass Amma auf ihrem Weg vom Auto in ihr Zimmer nicht von Menschenmengen behindert würde. Da jedoch bereits am nächsten Tag eine Veranstaltung vorgesehen war, hielten sich schon mehrere hundert Devotees auf dem Ashramgelände auf. Ich tat also mein Bestes und versuchte kurz vor Ammas Ankunft, den Bereich um ihr Zimmer frei zu halten und bat die Devotees, sich in einiger Entfernung hinter einem Tor aufzuhalten, in der Meinung, Amma würde sie dann nicht sehen können.

Als Amma aus dem Auto stieg, waren nur wenige Leute zu ihrer Begrüßung da – ich selbst und einige Brahmacharis. Als wir im Begriff waren, Amma unverzüglich in ihr Zimmer zu begleiten, das nicht weit weg von der Stelle lag, wo sie aus dem Auto gestiegen war, wurde uns klar, dass Amma ihre eigenen Pläne hatte. Amma wandte sich von der Treppe zu ihrem Zimmer ab und lief um das Auto herum in Richtung Tor, hinter dem die Devotees versammelt waren. Da sie noch niemanden erblickt hatte, versuchte ich weiterhin Amma zu überreden, ihr Zimmer unverzüglich aufzusuchen. Ohne mich anzuschauen, rief Amma verwundert: „Warum ist niemand hier? Wo sind denn die Devotees?"

In dem Moment hatten sie Amma erspäht und riefen sie. Und damit war das Spiel aus – wie Wasser, das sich über einen Damm stürzt, schlüpften die Leute von allen Seiten über und unter und durch das Tor hindurch und eilten auf Amma zu. Sie ließ sich nicht abschrecken. Erst als Amma jedem *prasad* gegeben hatte, willigte sie schließlich ein, ihr Zimmer aufzusuchen.

Besinnen wir uns einen Moment und fragen uns selbst: Hätten wir das getan? Angenommen, wir hätten die Kraft Zehntausende zu umarmen – von der Tatsache ganz abgesehen, dass das außer Amma noch nie jemand vermocht hat. Würden wir uns nicht bei nächstbester Gelegenheit so lange wie möglich ausruhen?

Wir alle kennen Zeiten, in denen wir an unsere physischen Grenzen gestoßen sind und dann während der Arbeit denken: „Wenn das geschafft ist, schlafe ich mich eine Woche lang aus." Mit andern Worten, selbst während wir anderen dienen, motiviert uns nur die Aussicht auf ein baldiges Vergnügen; und das kann man keineswegs reine Selbstlosigkeit nennen. Amma jedoch ist vollkommen anders. Kürzlich wurde sie von einem Journalisten gefragt: „Sie haben so viel getan, sowohl im spirituellen als auch im humanitären Bereich. Was denken Sie angesichts solcher Leistungen?" „Ich denke immer, dass ich nicht genug für meine Kinder tue, " antwortete sie mit einem Achselzucken, "das ist alles, was ich denke."

Wirklich demütige Menschen denken nicht etwa gering über sich selbst – sie denken einfach nur sehr wenig über sich selbst nach.

Ein Philosophieprofessor stand vor seiner Klasse; vor ihm auf dem Pult lagen etwas ungewöhnliche Gegenstände. Am Beginn des Unterrichts nahm er wortlos einen großen leeren Krug in die Hand und füllte ihn mit Steinen. Als der Krug randvoll war, fragte der Professor seine Studenten, ob der Krug voll sei, was diese bejahten.

Daraufhin nahm er eine Schachtel mit kleinen Kieselsteinen und schüttete sie in den Krug. Die Kieselsteine rollten in die Zwischenräume zwischen den Steinen. Er fragte die Studenten wiederum, ob der Krug voll sei, was diese bejahten. Der Professor nahm eine Schachtel mit Sand, den er in den Krug leerte. Der Sand rieselte zwischen den Spalten der Kieselsteine und größeren Steine durch.

"Nun", sagte der Professor, "ist der Krug voll?"

Diesmal schwiegen die Studenten, weil sie sicher waren, dass der Professor noch mehr für sie auf Lager hatte. Und dem war so. Er griff hinter sein Pult und holte eine Flasche mit Wasser, das er in den scheinbar vollen Krug goss.

Auch wir meinen, zunächst einmal genug getan zu haben. Wenn wir ein oder zwei gute Taten pro Tag getan haben, meinen wir, uns für den Rest des Tages ausruhen zu dürfen oder behaupten, keine Zeit und Energie mehr für weitere Beschäftigungen zu haben. Amma dagegen schaut auf den scheinbar vollen Krug und findet immer noch ein wenig mehr Zwischenraum. In ihrem scheinbar vollen Zeitplan findet sie immer noch Zeit zu einer zusätzlichen mitfühlenden Handlung. In einem übervollen Ashram findet sie Platz für ein weiteres ihrer geliebten Kinder. Noch vor Abschluss eines großen karitativen Projektes beginnt sie schon zwei neue. Nach dem Erdbeben von Gujarat im Jahre 2001 war keine Organisation bereit, den Wiederaufbau und die Sanierung der größeren Dörfer zu übernehmen. Obwohl Amma bereits das nationale Hausbau-Projekt gestartet hatte und der Ashram eigentlich über keine finanziellen Rücklagen mehr verfügte, sagte sie den drei größten Dörfern Hilfe zu und ließ mehr als 1200 Häuser errichten. Dasselbe geschah im Jahr 2004 nach dem Tsunami in Asien: Amma bot sofort an, die durch die Katastrophe zerstörten Häuser in Kerala wieder aufzubauen. Und im Jahr 2007, als alle Versuche gescheitert waren, die Welle von Selbstmorden unter den Bauern von Maharashtra, Kerala und anderen Staaten aufzuhalten, brachte Amma ein umfangreiches und breit gefächertes Hilfspaket auf den Weg.

Es ist Ammas einziger Wunsch, ihre Kinder glücklich zu sehen. Sie kennt aber den Unterschied zwischen befristetem und ewigem Glück sehr genau. Sie weiß, dass der Schlüssel zu letzterem darin liegt, sich mit dem Ganzen zu identifizieren, anstatt sich nur um das eigene Wohl zu kümmern.

Einer der Brahmacharis, der für Ammas Organisation im Ausland zuständig ist, erzählte eine schöne Geschichte über die Kraft selbstloser Liebe: Ein Devotee leidet schwer unter Kinderlähmung und verbringt sein Leben im Rollstuhl. So seltsam es ist – er lächelt stets. Noch mehr aber überraschte den Brahmachari, dass sich der Mann im Vorfeld von Ammas Besuch in seinem Land an den Vorbereitungstreffen der Devotees beteiligte, obwohl er weder eine körperliche Arbeit übernehmen noch verständlich sprechen kann.

Während Ammas Besuch kam er mit einer Frage zu Amma. Der Brahmachari, der immer besonderes Mitgefühl für ihn hatte, war sicher, dass er Amma um Heilung bitten werde oder um sonst etwas, seine körperliche Verfassung Betreffendes. Als der junge Mann seine Frage mühsam herausbrachte, konnte ihn der Brahmachari nicht verstehen, wurde aber tief berührt, als der Begleiter sie deutlich wiederholte. Seine Frage an Amma lautete:

„Liebe Amma, dieses Land ist eines der materiell wohlhabendsten der Welt, doch ich fühle, dass es spirituell ganz besonders verarmt ist. Ich liebe mein Land. Was kann ich tun, um es spirituell zu beleben und seinen spirituellen Reichtum zu vermehren?"

Amma schaute sehr liebevoll und tief in die Augen des jungen Mannes – so wie eine stolze Mutter ihren Sohn ansieht, wenn er Klassenbester geworden ist. Mit feuchten Augen antwortete sie: „Sohn, dies zeigt deinen eigenen spirituellen Reichtum. Menschen wie du geben wirklich Hoffnung für die Zukunft dieses Landes, mache dir also keine Sorgen. Dein unschuldiges Herz und dein Vorbild reichen aus, um andere anzuregen, den richtigen Weg einzuschlagen."

Als er fort war, wandte sich Amma an den Brahmachari mit den Worten: „Begreifst du nun, warum er immer so glücklich aussieht? Er hätte Amma um körperliche Heilung bitten können, stattdessen erbat er aus selbstloser Liebe spirituelle Heilung für sein ganzes Land. Diese selbstlose Liebe ist der Schlüssel zum Glücklichsein."

Ein Student ging mit seinem Professor spazieren. Unterwegs sahen sie ein Paar alte Schuhe am Wegesrand liegen. Beim Blick auf das nahegelegene Reisfeld bemerkten sie einen ärmlichen Feldarbeiter, der seine Schuhe ausgezogen hatte, bevor er in das Sumpfgebiet ging. Es war schon spätnachmittags und die gebeugte und ermattete Haltung des Mannes deuteten darauf hin, dass er schon lange Zeit gearbeitet hatte.

Der Student wandte sich mit schalkhaftem Blick an seinen Professor und schlug vor: „Sollen wir ihm nicht einen Streich spielen? Wir könnten seine Schuhe verstecken und uns dann im hohen Gras verstecken. Ich kann es kaum erwarten, sein Gesicht zu sehen, wenn er sie nicht findet."

„So denke ich nicht, mein Junge", ermahnte ihn der Professor. „Wir sollten uns niemals auf Kosten von Armen amüsieren. Da du wohlhabend bist, kannst du dir mit diesem armen Mann ein viel großartigeres Vergnügen bereiten. Lege in jeden Schuh einen 100-Dollar-Schein und dann können wir uns verstecken und beobachten, was passiert, wenn er das entdeckt."

Der Student willigte ein und befolgte die Anweisungen des Professors, da ihm klar wurde, dass das die bessere Idee war. Bald darauf beendete der Feldarbeiter seine Arbeit und ging mit schweren Schritten vom Reisfeld zur Straße und zu seinen dort abgestellten Schuhen. Als er in seinen rechten Schuh schlüpfte, spürte er etwas Merkwürdiges, bückte sich hinunter und fischte ein unbekanntes Etwas heraus. Als er sah, was es war, spiegelten sich Erstaunen und Verwunderung in seinem Gesicht wider. Er starrte auf die Geldnote, hielt sie ins Licht und wendete sie hin und her. Er schaute in alle Himmelsrichtungen, ohne jemanden zu erblicken. Schließlich steckte er achselzuckend das Geld in seine Tasche und begann den anderen Schuh anzuziehen. Als er dort den zweiten Hundert-Dollar-Schein entdeckte, war seine Überraschung doppelt so groß.

Von Gefühlen überwältigt fiel er auf seine Knie, blickte zum Himmel und sprach mit lauter Stimme ein inbrünstiges Dankgebet. Er sprach von seiner kranken und hilflosen Frau und seinen Kindern, die kaum zu essen hatten. Und er dankte Gott für das Geld-Wunder in seinen Schuhen.

Als der Arbeiter seines Weges gegangen war, verließen der Professor und der Student ihr Versteck. Der Student stand wie angewurzelt da, Tränen in den Augen. „Nun", fragte der Professor, "bist du jetzt nicht viel glücklicher als wenn du ihm deinen ursprünglich beabsichtigten Streich gespielt hättest?" Der junge Mann antwortete: "Sie haben mir eine Lektion erteilt, die ich nie vergessen werde. Es ist wahrhaft segensreicher zu geben als zu nehmen."

"Glück ist wie Parfüm", bemerkte der Professor, "wir können es jemandem nicht auftragen, ohne selbst ein paar Tropfen abzubekommen."

Kürzlich las ich die Geschichte von drei Brüdern, die gemeinsam Fallschirm sprangen. Als sie herunterschwebten, verhedderten sich ihre Fallschirme und alle Drei schienen verloren zu sein. Doch einer von ihnen hatte eine Idee: Um die anderen beiden zu retten, löste er sich von seinem Fallschirm, stürzte zu Tode und ermöglichte damit seinen beiden Brüdern zu überleben.

Sein Opfer war so außergewöhnlich, dass davon die ganze Welt durch die internationalen Nachrichten informiert wurde.

Amma opfert sich auf stille Art jeden Tag. Nicht nur zum Wohle von zwei Menschen, sondern von Millionen von Menschen rund um den Globus, selbst für Fremde, denen sie nie begegnet ist. Und was bekommt sie dafür? Je genauer man Ammas Leben beobachtet, desto deutlicher wird, wie wenig sie ruht, isst oder schläft. Das ist kein Geheimnis. Man fragt sich, wie ihr Körper in den vergangenen 36 Jahren dieses höchst strapaziöse Leben ausgehalten hat. Darin liegt das eigentliche Geheimnis, das nur Amma kennt.

Der buddhistische Lehrer Shantideva spricht in seiner "Anleitung zum Leben als *Bodhisattva*":

> ,*Wenn ich dies verschenke,*
> *welcher Genuss bleibt mir dann noch?'*
> *Derart selbstbezogen zu denken,*
> *entspricht der Art und Weise von Dämonen;*
> *Wenn ich dies genieße,*
> *was kann ich dann noch verschenken?'*
> *So selbstlos zu denken ist die Eigenschaft von Göttern.*

Amma sagt: „Erst wenn wir voller Mitgefühl auf unsere Mitmenschen schauen, blicken wir wirklich nach Innen. Der göttliche Samen der Spiritualität kann nur sprießen, wenn Mitgefühl ihn bewässert."

Die folgende Geschichte aus dem Leben des großen Weisheitslehrers Ramanuja verdeutlicht dies. Zu Beginn seines spirituellen Lebens wurde er von seinem Guru Thirukottiyur Nambi siebzehnmal abgewiesen, bis er von ihm in ein Mantra eingeweiht wurde. Jedes Mal musste Ramanuja mehr als 150 km zu Fuß zurücklegen, bis Nambi schließlich einwilligte, ihn einzuweihen – jedoch nur unter ganz bestimmten Bedingungen: Nambi erklärte Ramanuja, das Mantra werde jeden, der es singen würde, in das himmlische Reich Vishnus entführen; falls Ramanuja es jedoch jemandem mitteilen sollte, würde er selbst zur Hölle fahren.

Ramanuja nahm die Bedingungen an und wurde in sein Mantra eingeweiht. Doch bereits auf seiner Rückreise, noch bevor er zu Hause angekommen war, rief Ramanuja alle Bewohner seines Dorfes auf, sich vor dem Dorf-Tempel zu versammeln. Als alle dort versammelt waren, stellte sich Ramanuja auf den Turm des Tempels und sang das heilige Mantra so laut wie dies seine Stimme vermochte. Er verkündete, dass er dieses Mantra von dem einzigartigen Guru Thirukottiyur Nambi empfangen habe, mit der Garantie, damit in das verborgene Reich von Vishnu zu gelangen – und drängte nun alle, das Mantra mit ganzer Inbrunst zu singen.

Als Nambi das erfuhr, wurde er sehr ärgerlich, eilte zu Ramanuja und verlangte eine Erklärung, warum er das Mantra anderen preisgegeben hatte. Ramanuja erwiderte, wenn er zur Hölle fahren solle, bedeute das für Tausende in den Himmel zu gelangen – und das verlange von ihm nur ein kleines Opfer, das er gerne zu geben bereit sei. Diese zutiefst menschliche Antwort berührte Nambi so sehr, dass er seinem Schüler versicherte: "Ramanuja, du hast mit dieser mitfühlenden Tat selbst mich übertroffen."

Eine Geschichte im Epos *Mahabharata* veranschaulicht die Kraft wahrer Aufopferung. Gegen Ende des Epos – viele Jahre nach dem Ende des Mahabarata-Krieges, als die Pandavas bereits mehr als drei Jahrzehnte das Land regiert haben – beschließen diese, alle weltlichen Bindungen aufzugeben und ihre letzte Reise in die heiligen Gebiete des Himalajas anzutreten. Es ist ein langes und entbehrungsreiches Unternehmen, bei dem einer nach dem anderen stirbt. Schließlich bleibt nur noch Yudhishthira, der Älteste unter ihnen am Leben. Yudhishthira hatte sich sein ganzes Leben bemüht, *dharma* (Rechtschaffenheit) zu leben, sein Herz zu öffnen und seinen Geist zu klären. Obwohl er keine Befreiung erlangt hatte, war seine Lebensführung vollkommen im Einklang mit den Lehren seines Gurus.

Und siehe da! Schließlich schwebt ein Triumphwagen vom Himmel herab und bringt Yudhishthira in den Himmel. Bei seiner Ankunft entdeckt er zu seinem Entsetzen, dass seine Brüder nicht dort sind und erkundigt sich sofort nach ihnen. Als Antwort auf seine Fragen führt man ihn in einen langen dunklen Gang. Die Umgebung wird immer dunkler und beängstigender. Er kommt an kochenden Seen vorbei und sieht, wie Geier sich von Leichenbergen ernähren. Da Yudhishthira glaubt, dies alles sei nur eine grausame Täuschung und seine Brüder könnten sich ganz gewiss nicht an solch üblem Ort aufhalten, beschließt er umzukehren. Als er sich umdreht, vernimmt er die geisterhaften Stimmen seiner Brüder, die seinen Namen rufen und ihn anflehen, sie nicht zu verlassen. „Geh' nicht fort!" rufen sie. „Deine Anwesenheit ist wie eine kühlende Brise, die uns ein wenig Erleichterung in unserer qualvollen Existenz verschafft."

In diesem Moment ruft Yudhishthira aus: „Wenn meine Brüder in der Hölle sind, möchte ich nicht im Himmel sein. Wie könnte ich sie verlassen, solange ihnen meine Anwesenheit selbst die kleinste Erleichterung verschafft. Ich weigere mich, ohne sie von hier wegzugehen."

In dem Augenblick, in dem Yudhishthira diese Worte ausspricht, verwandelt sich seine Umgebung völlig und er befindet sich von seinen Brüdern umgeben wieder im Himmel. Seine Reise in die Hölle war tatsächlich nur ein Drama, das inszeniert wurde, um sein Mitgefühl in voller Größe hervorzubringen. In seiner Bereitschaft, um anderer willen auf sein persönliches Wohl und seinen Genuss zu verzichten, fand Yudhishthira den Himmel – den wahren Himmel. Keine Stadt aus Gold hoch in den Wolken, sondern den ewigen Himmel eines mitfühlenden Herzens.

Kapitel 6:

Lernen anstatt sich anzulehnen

„Lange Zeit schien mir, als würde das Leben nun endlich beginnen – das wirkliche Leben. Doch immer war ein Hindernis im Weg – irgendetwas, das erst zu bewältigen war, eine unerledigte Aufgabe, die ihre Zeit brauchte, eine Schuld, die zu begleichen war. Dann würde das Leben beginnen. Schließlich dämmerte mir, dass diese Hindernisse mein Leben ausmachten.“

– Alfred d'Souza

Ein Weiser sah einen Menschen völlig niedergeschlagen am Straßenrand kauern. Der Weise blieb stehen und fragte den mutlosen Mann, was ihn bedrücke. „Das Leben bietet nichts Interessantes", seufzte er. „Ich besitze genügend Geld, um nicht arbeiten zu müssen und bin weit umhergereist auf der Suche nach einem abwechslungsreicheren Leben als das, was ich zu Hause führe. Doch ach – ich habe es bisher nicht gefunden."

Der Weise hörte sich das Wehklagen des Mannes geduldig an. Dann beugte sich der Weise ohne Vorwarnung hinunter, schnappte sich den Rucksack des Wanderers und rannte so schnell er konnte auf der Straße davon. Der andere Mann sprang zwar auf und begann eine Verfolgungsjagd, doch da der Weise die Gegend besser kannte, wurde er rasch von ihm abgehängt. Dieser nahm einige Abkürzungen und befand sich mit gutem Vorsprung vor dem Beraubten bald wieder auf der Straße. Er stellte den Rucksack an den Straßenrand und wartete auf den bekümmerten Wanderer. Schon bald tauchte der unglückliche Mann nach Luft ringend auf und sah aufgrund seines Verlustes noch mutloser aus. In dem Moment, als er sein Eigentum am Straßenrand liegen sah, rannte er mit einem Freudenruf darauf zu.

„Das ist *eine* Möglichkeit Glück hervorzurufen", bemerkte der Weise trocken.

Jeder möchte sein Glück maximieren und seine Sorgen minimieren. Eine neuere Studie des Harvard-Psychologen Daniel Gilbert weist nach, dass alles, was wir denken, sagen und tun, im Bemühen geschieht, glücklicher zu werden – jetzt oder irgendwann in der Zukunft. Das klingt ganz plausibel, doch seine Studie zeigt auch, dass die Leute meist nicht richtig voraussagen können, welche Gefühle durch bestimmte Ereignisse in ihnen hervorgerufen werden. Ziele werden erreicht oder verfehlt, Besitztümer werden gewonnen oder verloren, Beziehungen sind süß oder bitter – doch meistens machen sie uns nicht so glücklich oder so traurig, wie wir vorher angenommen hatten. Vom spirituellen Standpunkt aus verstehen wir, warum das so ist: Glück kann nicht außen, sondern nur innen gefunden werden. Alles Vergnügen der Welt ist nur ein blasses Spiegelbild der uns innewohnenden Glückseligkeit des Wahren Selbst.

Wie verhält es sich mit Kummer? Wenn wir nun nicht so traurig sind, wie wir uns vorgestellt hatten und die Welt nicht einstürzt, wenn uns ein Missgeschick widerfährt und das Leben weitergeht, muss man Kummer eventuell nicht so instinktiv und mit aller Kraft vermeiden und bekämpfen. Haben wir uns eigentlich schon einmal vorgestellt, wie ein Leben ohne Prüfungen und Nöte im Alltag wirklich aussähe, wenn all unsere Wünsche sofort erfüllt würden? Ohne Herausforderungen oder Schwierigkeiten im Leben würde unsere innere Stärke geschwächt werden, blieben unsere Talente unerweckt und unsere Fähigkeiten würden einrosten. Anstatt den Schwierigkeiten auszuweichen, können wir spirituellen Aspiranten versuchen unser Bestes zu geben und Herausforderungen als Chance willkommen heißen, um geistige Fähigkeiten zu stärken, positive Eigenschaften zu entwickeln und sich Gott hinzugeben.

Leiden ist für die meisten Menschen ein Bestandteil des Lebens auf dieser Erde. Wir können die Millionen Menschen fragen, die in äußerster Armut und in kriegszerstörten Gebieten leben – sie werden uns aufklären, wie leidvoll Leben ist. Wir können Amma danach fragen, da sie von den Nöten von Millionen von Menschen rund um den Erdball hört, die zu ihr kommen und um Trost, Führung und Gnade bitten.

Viele Menschen sehnen sich nach einem goldenen Zeitalter, in welchem ein jeder auf Erden wohlhabend ist. Sie fragen: „Warum müssen die Menschen leiden?"

Es gibt eine wunderschöne Geschichte, die darauf wenigstens teilweise eine Antwort gibt. Ein Prinz fragte einmal seinen Vater, den König: „Warum gibt es in deinem Königreich so große Unterschiede zwischen Armen und Reichen? Du hast genug Reichtümer in der Schatzkammer des Palastes, um jeden reich zu machen. Warum machst du es nicht? Mit einem einzigen Erlass könntest du das gesamte Königreich vom Leid befreien."

Der König, dem sein Sohn sehr am Herzen lag, gab seinem Wunsch nach, obwohl er wusste, dass etwas anderes dabei herauskommen würde, als sein Sohn sich vorgestellt hatte. Er wies seinen Schatzmeister an, die Truhen des Palastes zu öffnen und die Kunde zu verbreiten, alle Untertanen des Königs sollten herbeikommen und sich nach Herzenslust bedienen. Und somit flossen die Reichtümer des Königs aus dem Palast hinaus, solange bis alle Untertanen des Königs in Saus und Braus lebten und ihnen nichts mehr zu wünschen übrigblieb.

Kurze Zeit später wurde das Dach des Palastes undicht. Es war während des Monsuns und das Schlafzimmer des Prinzen stand unter Wasser. Der Prinz rief seine Diener um Hilfe, um sein Zimmer trocken zu bekommen. Man teilte ihm aber mit, die Diener seien jetzt wohlhabende Leute, hätten ihre Arbeit aufgegeben und seien für immer in ihr Heim zurückgekehrt.

Jeden Morgen musste der Prinz Wasser aus seinem Zimmer schöpfen und schüttete es mit einem Eimer aus dem Fenster. Als er nach Arbeitern rief, um das Palastdach instand setzen zu lassen, wurde ihm erklärt, dass es keine Arbeiter mehr im Königreich gäbe. Da nun keine Maurer, Zimmerleute und Handwerker mehr aufzutreiben waren, wurden nicht nur der Palast, sondern auch alle anderen Gebäude im Königreich baufällig. Außerdem hatte sich niemand mehr bemüht, den Abfall zu beseitigen oder die Straßen zu kehren. Die Untertanen begannen sich beim Prinzen zu beschweren, sobald er auch nur einen Fuß aus dem Palast setzte. Jeder hatte zwar reichlich Geld, doch war es wertlos geworden. Da niemand seinen Lebensunterhalt verdienen musste, hatte auch niemand Lust zu arbeiten. Der Prinz hatte nicht den Himmel auf Erden geschaffen, sondern das gesamte Königreich ins Elend gestürzt. Schließlich sah sich der Prinz gezwungen, seinen Vater um Widerruf seines Erlasses zu bitten. Da der König dem Wunsch seines Sohnes erneut nachgab, brachten auf Befehl des Königs die Untertanen alle Reichtümer zurück und nahmen ihre Arbeit wieder auf. So wurden Harmonie und Wohlstand im Königreich wiederhergestellt.

Wir werden nicht darum gebeten das Leid einzuladen, sondern es zu akzeptieren – als einen natürlichen und unvermeidlichen Teil des Lebens. Es wird auch uneingeladen über uns kommen, weshalb es ratsam ist, sich darauf einzustellen, um positiv und konstruktiv darauf zu reagieren.

Ein Schüler schlief im Unterricht mit dem Kopf auf dem Pult ein. Zur Strafe ordnete die Lehrerin an, er solle dreimal um den Schulhof laufen. Der Schüler lief gehorsam dreimal um den Schulhof und kehrte in den Klassenraum zurück. Er sah keineswegs schuldbewusst, sondern erfrischt und entspannt aus. Wütend befahl ihm daraufhin die Lehrerin, an den kommenden beiden Tagen dasselbe vor dem Unterricht zu wiederholen. So sah man ihn an den beiden darauffolgenden Tagen früh zur Schule kommen, um zu joggen wie ihm die Lehrerin befohlen hatte. Als ihn die Lehrerin auch am vierten Tag vor dem Unterricht laufen sah, sagte sie zu ihm, als er das Klassenzimmer betrat: „Du bist genug bestraft worden. Ich habe dir das nur dreimal aufgetragen, du kannst jetzt damit aufhören." Der Schüler antwortete heiter: „Wissen Sie, nach dem ersten Lauf fühlte ich mich so lebendig und konnte dem Unterricht viel besser folgen als vorher. Das möchte ich jetzt nicht mehr aufgeben."

Dieses Beispiel zeigt, dass unser Leben auf Erden entweder ein Lernprozess sein kann oder ein Prozess des „Sich-Anlehnens", d.h. sich abzustützen bzw. abhängig zu machen. Entweder lernen wir aus unseren Lebenserfahrungen oder machen uns von Menschen und Dingen abhängig. Der Unterschied liegt im Nachsinnen, in der Rückbesinnung auf Gott und im Rückzug im Sinne von Entsagung – und das können wir im täglichen Leben praktizieren.

Ein Journalist fragte Amma: „Gab es ein Ereignis in Ihrer Kindheit, das Sie besonders beeinflusst hat?" Amma antwortete: „Es sind die Tränen, das Leid und der Schmerz anderer Menschen, die mich beeinflussten. Ich tröstete sie und schenkte ihnen Liebe."

Amma selbst hat sich nie vom Leid überwältigen lassen. Im selben Interview bat der Journalist Amma, sich an einen besonders beglückenden Augenblick ihrer Kindheit zu erinnern und erinnerte sie an die Zeit, als sie allein an der Küste spazieren ging und hingebungsvolle Lieder zu Gott sang. Amma entgegnete jedoch: „Ich besann mich nicht auf Gott oder sang seine Namen, um Glückseligkeit zu erlangen. Wenn ich an der Küste entlang ging, erinnerten mich die Wellen an den Klang der *Tambura*, dann sang ich Lieder im Einklang damit. Ich tat das nicht, um glücklich zu werden, denn ich war immer glücklich. Die Gefühle, die ich in den Liedern ausdrückte, reflektierten die Not und die Sehnsucht der Menschen in der Welt. Ich spürte diese Sehnsucht."

Obwohl Amma die Einheit, von der die ganze Schöpfung durchdrungen ist, deutlich wahrnahm, bewegte sie das Leid all jener, die das nicht konnten und streckte deshalb ihre Hand nach ihnen aus, um sie zu ermutigen und zu trösten.

Amma erklärt: „Wenn ich ihr Elend sah, vergaß ich mich selbst und meine eigenen Bedürfnisse. Ich trocknete ihre Tränen und tröstete sie, ließ sie in meinem Schoß liegen oder ihren Kopf an meine Schulter anlehnen. Und andere, die mich dabei beobachteten, wollten dasselbe bekommen. Langsam bildete sich eine Warteschlange. Daraus entwickelte sich diese Form des Darshans. Die Menschen kamen und weinten sich aus. Und wenn sie mir ihr Leid erzählten, identifizierte ich mich mit ihnen. Wenn unsere rechte Hand schmerzt, wird unsere Linke sie automatisch streicheln und versorgen – weil wir beide Hände als ‚meine' ansehen. Ebenso empfand ich diese Menschen nicht als verschieden von mir".

Ammas Beispiel lehrt uns, dass es unter erschwerten Umständen nicht nur möglich ist, liebevoll und friedvoll zu sein, sondern dass oft genau solche Notsituationen uns helfen zu reifen und zu wachsen. Das Sanskrit-Wort *tapam* kann entweder Hitze und Glut oder Leiden und Schmerz bedeuten; das heißt, Leiden erzeugt die zum Reifen notwendige Hitze, so wie auch die Pflanzen sich durch die Wärme der Sonne entfalten.

Das traf sicherlich im folgenden Fall auf eine Frau in der Türkei zu, die nach einem gewaltigen Erdbeben in der Zeitung zitiert wurde: „Mein Gott, bewahre meine schlimmsten Feinde vor solchem Schicksal." Die traumatisierende Erfahrung ließ ihr Herz ganz weit werden und sie begann plötzlich für jene zu beten, die sie vorher als Feinde betrachtet hatte. Es gibt eine ähnliche Geschichte über einen Brahmachari von Amma, der in das vom Erdbeben zerstörte Gebiet nach Gujarat ging, um beim Wiederaufbau der Dörfer zu helfen und während seines Aufenthaltes sehr krank wurde. Einige von uns besuchten ihn während seiner Rekonvaleszenz im Krankenhaus. Beim Betreten seines Zimmers erwarteten wir, dass er über seine Schmerzen sprechen oder uns bitten würde, etwas anderes als Krankenhauskost zu bekommen. Doch als Erstes fragte er: „Hat sonst noch jemand die gleiche Krankheit bekommen?"

Wir redeten ihm zu, sich nicht um andere zu sorgen, sich vielmehr auf seine eigene Genesung zu konzentrieren. Der Brahmachari schüttelte den Kopf und sagte: „Diese Krankheit ist so unerträglich, niemand sollte so etwas erleiden müssen."

Amma sagt, Gott bestraft uns nicht, es gibt aber universelle Gesetze, die sich auf die Schöpfung auswirken. Es heißt: „Das Gesetz kann man nicht brechen, man kann nur selbst daran zerbrechen." Der Sinn jeder einzelnen Lebenserfahrung liegt darin, uns zur wahren Quelle innerer Glückseligkeit zu führen. Es liegt an uns, diese Möglichkeiten zu nutzen – oder auch nicht. Es ist zu unserem Vorteil, wenn wir versuchen aus allem Leid, das uns im Leben widerfährt, größtmögliches spirituelles Wachstum zu gewinnen.

Durch ihr Vorbild zeigt Amma uns, dass man wahre Spiritualität daran erkennen kann, dass alle Situationen angenommen werden ohne dabei das Herz zu verschließen oder sich zu fürchten. Amma sagt: „Lasst uns versuchen, den Problemen des Lebens mutig die Stirn zu bieten und zu denken: ‚Nichts kann mich besiegen oder versklaven. Ich bin ein Kind Gottes.' Versucht, nicht vor den Problemen eures Lebens davonzulaufen, denn dann bekommen sie mehr Macht und überwältigen euch. Ein wahrhaft spiritueller Mensch fürchtet sich weder vor Verlusten noch vor dem Tod."

Zwei Männer gingen gemeinsam etwas trinken. Der eine trank unaufhörlich, bis sein Freund ihn schließlich fragte: „He, warum trinkst du so viel?" Er antwortete: „Ich versuche meine Sorgen zu ertränken."

„Klappt das?" fragte sein Freund. „Nein", entgegnete der Zweite mit langem Gesicht. „Unglücklicherweise haben meine Probleme schwimmen gelernt."

Die Herausforderungen des Lebens zwingen uns zwischen Wertvollem oder lediglich Angenehmem zu wählen. Das, was unsere Sinne erfreut, ist in harten Zeiten wenig hilfreich. Natürlich können nicht alle den Mut aufbringen, den ein Feuerwehrmann hat, um in ein brennendes Haus zu rennen oder die innere Stärke eines Soldaten, die er im Kampf auf dem Schlachtfeld benötigt. Wir alle aber können Mut von Amma lernen, um den Herausforderungen des Lebens ins Gesicht zu schauen, auch wenn sich das manchmal anfühlt wie ein Feuerinferno. Wir alle können von Amma lernen, welcher Kraft es bedarf, unsere inneren Feinde anzuschauen – Furcht, Ärger, Eifersucht und andere negative Eigenschaften.

Laut Amma lässt sich unser spiritueller Fortschritt am besten anhand äußerer Umstände testen, da dadurch sichtbar wird, was sich unter der Oberfläche verbirgt. Es können unter entsprechenden Umständen von einem Moment auf den anderen all unsere Ängste und Schwächen hervorbrechen, doch ebenso auch unsere Stärken. Ammas Gegenwart bietet reichlich Gelegenheit, Jähzorn, Ungeduld und andere Schattenseiten in uns zu entdecken.

Ein westlicher Besucher des Ashrams erzählte einem Brahmachari von seinen Problemen: „Vor kurzem hatte ich eine großartige Meditation mit Amma im Tempel. Plötzlich kommt dann dieser lange Mann mit seinem großen Haarvolumen und setzt sich direkt vor mich. Er saß fast auf meinem Schoß und ich konnte Amma überhaupt nicht mehr sehen. Der Fokus meiner Meditation veränderte sich völlig und mir ging nur noch durch den Kopf, wie es wäre, wenn ich diesen Mann verdreschen und an seinen Haaren aus dem Tempel zerren würde."

In schwierigen Zeiten ist es hilfreich, wenn wir uns daran erinnern, dass Gott seine Augen nicht vor unserem Elend verschließt, sondern unsere Augen für die Wahrheit öffnet. Eigentlich werden unsere Ignoranz und unser Ego abgebaut, wenn wir durch Lektionen, die uns das Leben erteilt, reifen. Vermutlich bezieht sich Amma darauf, wenn sie sagt: „Schließlich wird sich jeder nach innen kehren."

Ein Mädchen erzählte seiner Mutter, dass in ihrem Leben gerade alles schief liefe – sie versage in Mathematik, ihr Freund habe soeben mit ihr Schluss gemacht und ihre beste Freundin ziehe gerade weg. Die Mutter war im Begriff einen Kuchen zu backen. Sie hielt inne und fragte ihre Tochter, ob sie etwas essen wolle. Die Tochter daraufhin: „Klar, deinem Kuchen kann ich nie widerstehen."

„Hier, nimm ein bisschen Öl", bot ihr die Mutter an.

„Uuh", protestierte ihre Tochter.

„Wie wär's mit zwei rohen Eiern?"

„Igittigitt", Mama!"

„Möchtest du nicht ein wenig Mehl oder Backpulver?"

„Mama, das schmeckt doch alles scheußlich!"

Daraufhin antwortete die Mutter des Mädchens: „Genau – die Zutaten schmecken allein nicht, doch wenn wir sie richtig vermischen, ergibt das einen köstlichen Kuchen."

In ähnlicher Weise fragen wir uns oft: „Womit habe ich das verdient?" oder: „Warum musste mir Gott das antun?" Bei gründlicher Analyse ist natürlich alles, was uns widerfährt, eine Folge unserer eigenen Handlungen in diesem oder in früheren Leben. Aber es ist auch wahr, dass alle Wesen sich auf ihre endgültige Befreiung hinbewegen und dass uns schwierige Situationen und herausfordernde Umstände die Chance bieten zu lernen und zu wachsen. Allerdings sehen wir oft vor lauter Bäumen den Wald nicht und übersehen hinter den Ereignissen und Umständen unseres Lebens das eigentlich Wertvolle.

Amma beschreibt die Haltung, mit der ein spirituell Suchender seinem Karma begegnen sollte: „Es kümmert ihn nicht, ob ihm Glück oder Unglück widerfahren. Er weiß, dass sein Karma wie ein Pfeil ist, der bereits abgeschossen ist und durch nichts aufgehalten werden kann. Der Pfeil kann ihn treffen, verletzen oder gar töten, was ihm jedoch nichts ausmacht. Er wird vor seinem Karma nicht davonlaufen wollen, weil er weiß, dass es ein Läuterungsprozess ist, der die in diesem oder einem früheren Leben von ihm verursachten Flecken reinigt. Vor allen Dingen aber steht der wahre Suchende stets unter dem Schutz und der Gnade des Gurus.“

Trapezkünstler schwingen sich über große Entfernungen von Trapez zu Trapez, hängen am Fußgelenk eines anderen, vollbringen in großer Höhe Saltosprünge durch die Luft und weitere erstaunliche Kunststücke – immer mit einem strahlendem Lächeln. Wir können einwenden, der Trapezkünstler mache das alles wegen des Geldes oder seines Ruhmes oder einfach nur, weil er diesen Reiz liebt. Er kann das alles mit so viel Vertrauen und Anmut ausführen, ohne von Furcht gelähmt zu werden, weil er die unerschütterliche Gewissheit hat, nicht zu Boden stürzen zu können, da zwischen ihm und dem Boden ein Netz gespannt ist. Wenn auch wir wissen, dass wir in Ammas Armen sicher sind – dass sie uns niemals verlassen wird, auch im Tode nicht – haben wir nichts zu befürchten und können wir von nichts im Leben besiegt werden.

Nach Ammas Aussage ist unsere Zuflucht oder unser Refugium das, worauf sich unser Fühlen und Denken konzentriert, sei es positiv, negativ, innen oder außen. Es ist gut, sich daran zu erinnern, dass wir letztendlich nur Enttäuschung und Leid erfahren werden, wenn wir Zuflucht in etwas anderem als in Gott oder im Guru suchen.

Es gibt eine Strophe in der *Srimad Bhagavatam:*

Nimm deine Wohnstatt bei gottgefälligsten Heiligen –
jenen Weisen, deren Leben Gott geweiht ist, und lerne
aus ihrem Verhalten, wie du leben solltest, um das ganze
weite Universum als eine Einheit zu sehen.

Vor einigen Jahren spielte Amma im Swimmingpool von Anhängern mit deren kleinem Kind. Es war fasziniert vom Strahl des Wassers, das aus einer der seitlichen Düsen des Pools strömte. Amma hielt manchmal die Hand über die Düse, um den Wasserfluss zu stoppen, was das Kind verwirrte. Es schob immer wieder Ammas Hand beiseite, damit das Wasser wieder fließen konnte. Amma bewegte ihre Hand immer weiter in Richtung Düse, so dass das Kind erkennen konnte, woher das Wasser wirklich kam. Auf diese Weise gelang es ihr, die Aufmerksamkeit des Kindes vom Strom des Wassers auf dessen Ursprung zu lenken. Dies verbildlicht Ammas Methode von Geduld, Beharrlichkeit und Ausdauer, um uns allmählich daran zu gewöhnen, von der Welt unabhängig zu sein und uns darin zu unterstützen, letztendlich nur bei Gott Zuflucht zu suchen. So wie das Kind anfänglich nur auf das Strömen des Wassers achtete, sind wir zunächst nur fasziniert von der scheinbaren Wirklichkeit unserer veränderlichen Umwelt – die jedoch nur eine Projektion unseres Geistes ist. Und so wie Amma zwischendurch das Fließen des

Wassers unterbrach, entzieht Gott uns mitunter begehrenswert erscheinende Dinge, wodurch Verwirrung und Leid entstehen. Genauso wie das Kind Ammas Hand beiseiteschob, widersetzen auch wir uns Ammas unablässigem Bemühen, uns die wirkliche Natur der Welt zu lehren, denn wir begreifen nicht, dass Amma aus Mitgefühl versucht, uns aus unserer Verblendung zu retten. Und so verhilft uns das im Leben erfahrene Leid dazu, unsere Aufmerksamkeit von den Dingen der Welt auf die innere Quelle aller Glückseligkeit zu lenken.

Kürzlich fragte ein Fernsehjournalist Amma: „Verwundert es Sie nicht, wenn Sie an die bescheidenen Anfänge dieser Organisation denken, wie groß diese und Ihre Gefolgschaft in so kurzer Zeit geworden sind?"

Amma erwiderte: „Das erstaunt mich nicht, denn aus kleinen Dingen werden große. Für mich ist das kein Wunder." Sie fügte hinzu: „Ein Wunder wäre es, wenn jeder auf der Welt glücklich wäre."

Kapitel 7

Du trägst einen Diamanten:
Spiritualität ist wahrer Reichtum

„Um ein reines, selbstloses Leben zu leben,
darf man – inmitten der Fülle – nichts
als sein Eigen betrachten."

– Buddha

Kürzlich las ich die Geschichte eines Mannes, der 100 Millionen Dollar im Lotto gewonnen hatte.

Als er das Geld erhielt, wusste er, dass sich sein Leben über Nacht verändern würde. Allerdings wusste er nicht, dass diese Veränderungen nicht unbedingt zum Besseren führen.

Vor seinem Lottogewinn war er ein glücklich verheirateter, relativ erfolgreicher Geschäftsmann mit Enkelkindern im Teenageralter. Mit diesem Höchstgewinn brach das Chaos aus: Es wurde wiederholt in sein Haus eingebrochen und man stahl ihm seine Autos. Er geriet in schlechte Gesellschaft und ließ sich zu Dingen verleiten, die, wie er selbst sagte, zuvor nie getan hätte. Schließlich kam er wegen Alkohol am Steuer ins Gefängnis und verlor seinen Führerschein; seine Frau verließ ihn und sein Enkelkind starb an einer Überdosis Drogen. Der Mann sagt heute, er würde das Geld gerne zurückgeben, wenn er dafür sein vorheriges Leben zurückbekommen könnte.

Je mehr wir in ein weltliches Leben verstrickt sind, desto notwendiger wird Spiritualität. Amma sagt, in Wirklichkeit könne man nicht zwischen Spiritualität und weltlichem Leben unterscheiden. Spiritualität ist nichts anderes als die Wissenschaft vom richtig gelebten Leben; eine Gebrauchsanleitung für Körper, Fühlen und Denken.

Das Leben ist viel subtiler und komplexer als wir uns vorstellen. Es bedarf einer besonderen inneren Fähigkeit, um mit dem, was auf uns zukommt, richtig umzugehen und wirklich glücklich zu leben. Welchen Sinn hätten die Dinge der Welt, wenn wir nicht richtig leben und mit ihnen umgehen können? Wie viele sogenannte „erfolgreiche" Menschen rackern sich endlos für eine Luxuslimousine ab, um dann betrunken am Steuer einen Unfall zu verursachen? Auch wenn wir vielleicht nach materiellem Wohlstand und Annehmlichkeiten streben, bedarf es einer spirituellen Meisterin wie Amma, die uns das verfeinerte innere Verständnis für den rechten Umgang mit Wohlstand und Komfort lehrt. Es mangelt uns nämlich an Verständnis für die Natur der Welt und außerdem an ausreichender emotionaler Stärke, um unsere Erkenntnisse praktisch umzusetzen. Somit sind dauerhafter Frieden und Glück für uns unerreichbar.

Wir können nicht einfach Glück anstreben, als lebten wir in einem Vakuum und völlig unabhängig vom Rest der Gesellschaft und der Welt. Das wäre eine Missachtung der Realität des Lebens, der Gesetze der Natur und des Universums und sogar einfacher wissenschaftlicher Tatsachen.

Kürzlich las ich eine Geschichte, die das verdeutlicht: Die Kosten, um eine von der Ölverschmutzung verletzte Robbe wieder lebensfähig zu machen, betragen rund 80.000 Dollar. Zwei solche „gereinigte" Robben wurden in einer besonderen Feier unter Bravorufen und Applaus der Zuschauer wieder in die freie Wildbahn entlassen. Eine Minute später waren beide bereits von Killerwalen gefressen. Alle waren entsetzt und enttäuscht, dass nun alle Bemühungen umsonst gewesen waren. Liegt es denn nicht in unserem Interesse, das gesamte Ökosystem zu bewahren? Und ist nicht auch der Killerwal ein Teil dieses Ökosystems? Das Projekt diente dem Umweltschutz; es war nicht schlecht, auch wenn das Ergebnis sicherlich nicht den Wünschen und Erwartungen aller entsprach und viele nun tief enttäuscht waren.

Die Bemühungen der an dem Projekt Beteiligten und das Ziel, die Robben wachsen und gedeihen zu sehen, waren sicher lobenswert; da die Zuschauer jedoch die Realität des Lebens in der Natur übersehen hatten, war die Enttäuschung vorhersehbar. Wenn wir etwas für einen guten Zweck tun, fixieren wir uns oft unbewusst auf das Ergebnis. Wenn sich die Dinge dann anders entwickeln als erwartet, verlöscht unsere Begeisterung und unser ausdauerndes Bemühen anderen zu helfen und die Welt positiv zu verändern. Letztendlich lassen wir uns in unserer Reaktion auf die Umstände nicht von einem übergeordneten Wert leiten, sondern von unseren eigenen Erwartungen und Wünschen.

Eine Geschichte aus der Jugendzeit des großen Heiligen Tulsidas verdeutlicht, wie wir durch Wünsche und Anhaftungen blind werden können. Als Tulsidas eines Tages außer Hause war, erhielt seine Frau die dringende Botschaft ihrer Eltern, sie solle unverzüglich zu ihnen kommen, in ein Dorf jenseits des Ganges. Als Tulsidas nach Hause kam und entdeckte, dass seine Frau nicht da war, wurde er unruhig. Er wollte sie sofort bei sich haben und machte sich deshalb unverzüglich auf den Weg zu ihr. Es regnete in Strömen und der Wasserstand des Ganges war angestiegen. Obwohl er weder schwimmen konnte, noch ein Boot fand, ließ er sich nicht aufhalten. Er sah einen Leichnam den Fluss hinabtreiben und griff ohne zu zögern danach, um auf ihm den Fluss zu überqueren. Als er schließlich das Haus seiner Schwiegereltern erreicht hatte, war es schon spät und die Türen waren verschlossen. Da er nicht bis zum Morgengrauen warten wollte, kletterte er heimlich über die Mauer und von dort aufs Dach. Dort entdeckte er etwas, was wie ein Seil aussah und versuchte sich damit in das Fenster seiner Frau herunterzulassen. Das Seil entpuppte sich aber als Schlange, die bei der ersten Berührung davon glitt. Tulsidas stürzte infolgedessen ins Zimmer seiner Frau. Sein Hemd war zerrissen, er war durchnässt und sein Körper stank nach der Leiche. Seine Frau erkannte ihn nicht und schrie: "Ein Dieb!"

Tulsidas versuchte sie zu beruhigen: "Ich bin kein gemeiner Dieb, sondern der Dieb deines Herzens."

Seine Frau blieb davon unbeeindruckt. "Bist du so abhängig von einer Frau, dass du nicht erträgst, auch nur eine Nacht ohne sie zu sein? Hättest du nur halb so viel Anhaftung an Lord Rama, dann wärest du bereits verwirklicht."

Mit Tulsidas geschah eine vollkommene Verwandlung, als er diese Worte vernahm. Er widmete den Rest seines Lebens der kontemplativen Verehrung Lord Ramas und dichtete seine eigene Fassung des *Ramayana,* das bis auf den heutigen Tag viel gelesene *Ram Charit Manas.*

Genau wie Tulsidas, der aufgrund seiner Begierden blind war, verlieren wir oft den Blick aufs Ganze und drängen nach sofortiger Erfüllung unserer Wünsche. Sobald wir aber begreifen, wie einengend Wünsche sind, werden wir uns ganz selbstverständlich nach innen wenden.

Unser halbes Leben verbringen wir damit herauszufinden, wie wir die in unserem hektischen Leben verbliebene freie Zeit sinnvoll nutzen. Schließlich denken wir: „Was für ein wunderbares Leben habe ich doch! Hätte ich es nur früher begriffen!" Das soll nun nicht heißen, das Wesen der Spiritualität sei Untätigkeit; wäre dem so, dann wären die Bäume und Felsen die größten Weisen der Welt. Es geht vielmehr darum, ohne Anhaftung an die Ergebnisse zu handeln. So nehmen wir es bei Amma wahr: ein Handeln in geistiger Ruhe und Ausgeglichenheit.

In der *Bhagavad Gita* sagt Sri Krishna zu Arjuna:

dūreṇa hyavaraṁ karma buddhiyogād-dhanaṁjaya
buddhau śaraṇam anviccha kṛpaṇāḥ phalahetavaḥ

Handeln aus einer bestimmten Absicht heraus,
o Dhananjaya, ist weitaus minderwertiger als Handeln
mit ausgewogenem Geist; Suche Zuflucht in Gleichmut;
bedauernswert sind diejenigen, denen es nur auf die
Ergebnisse ankommt.

Weniger Leidenschaft zu haben bedeutet nicht, weniger Energie
zu haben. Es werden weniger Energien durch Emotionen verbraucht, so dass uns mehr Kraft bleibt, unseren Mitmenschen zu
dienen. Das ist die beste Art und Weise für echte Energiehaus-
haltung. So können wir unsere begrenzte menschliche Energie
so effizient wie möglich zum Wohle der Welt einsetzen. Ein
Mensch, der ständig seinen Gefühlen ausgeliefert ist, wird nie
viel zustande bringen können.

Wichtige Voraussetzung für gutes Management ist in jedem
Bereich die Reduzierung von Abfallstoffen und die Steigerung der
Effizienz. Ein ungezügelter Geist verbraucht Zeit und Energie, da
er in bestimmten Situationen überreagiert, vergangenen Dingen
nachhängt und sich um die Zukunft sorgt. Außerdem ist ein so
beschaffener Geist aufgrund seiner mangelnden Fähigkeit, in jeder
Situation das Wesentliche zu erfassen ineffizient. Die wirklich
Erfolgreichen in der Welt verfügen über Ausgeglichenheit und
geistige Beweglichkeit, über die Fähigkeit zu vergeben, Geduld
und ähnliche Eigenschaften.

Wenn wir Amma genau beobachten, ist zu erkennen, dass
sie niemals Zeit oder Energie verschwendet. Selbst beim Darshan bewältigt sie hundert zusätzliche Aufgaben: Interviews mit
Journalisten; eine lange Liste von Fragen bezüglich des Manage-
ments ihrer vielfältigen karitativen Einrichtungen; ihre persönliche Aufmerksamkeit für Devotees und Ashrambewohner, die

ihrer Führung bedürfen; oder sie kümmert sich darum, dass die anwesenden Menschen es möglichst angenehm haben; außerdem vergibt sie Mantras und spirituelle Namen.

Es bewältigen manche Menschen auf der physischen Ebene zwar Dinge, die auf den ersten Blick dem ähneln, was Amma vollbringt. Schauen wir aber genauer hin: Es gibt beispielsweise Menschen, die gerne umarmen und dies vielleicht etwas häufiger tun als der Durchschnitt. Verfügen sie aber über die Geduld, Tausende zu umarmen, ohne dazwischen zu essen oder zu schlafen – und das jeden Tag, seit so vielen Jahren? Oder: Es gibt Geschäftsführer, die wie Amma, gleichzeitig unterschiedliche Institutionen leiten – sind sie aber dasselbe persönliche Vorbild an Entsagung und Selbstaufopferung wie Amma? Manche Leute besitzen eine enorme Kenntnis der äußeren Welt – kennen und begreifen sie jedoch Herz und Gemüt ihrer Mitmenschen?

Selbst wenn man einfach nur neben Amma sitzt und all den Problemen zuhört, die ihr anvertraut werden, ist man rasch erschöpft – obwohl man sich ja gar nicht um die Lösungen kümmern muss. Amma gibt darüber hinaus ihren Devotees bestimmte Aufgaben, um ihnen zu ermöglichen, etwas mehr Zeit in ihrer Nähe zu verbringen – beispielsweise, beim Darshan Amma das Prasad in die Hand zu geben. Amma gibt jedoch oft so schnell Darshan und um sie herum gibt es so viele Ablenkungen, dass selbst solch einfache Aufgaben für die meisten zu viel sind – wohingegen Amma mit einem Dutzend Aufgaben gleichzeitig beschäftigt ist und jede mit Anmut und Perfektion ausführt.

Wir sollten nicht vergessen, dass Amma bei solchen Marathonsitzungen nicht nur die Menschen *umarmt* – was allein schon ein Wunder ist – sondern sie *spricht* mit ihnen, tröstet oder beantwortet Fragen, berät oder beglückwünscht Menschen, wenn sie z.B. eine Arbeit gut abgeschlossen haben. Amma spricht somit jeden Tag mehr als 12 Stunden und singt außerdem täglich

Bhajans. Die meisten von uns werden heiser, wenn sie einen oder zwei Tage lang ständig sprechen müssen. Manchmal klingt Ammas Stimme zwar heiser, doch schon im nächsten Moment vermag sie, offensichtlich durch die Kraft ihres Willens, mit der vollen Stimmkraft eines Redners oder einer ausgebildeten Sängerin zu singen bzw. zu sprechen – während Profis üblicherweise ihre Stimme am Tag ihres Auftritts schonen, Kräutertees trinken und Halsbonbons lutschen.

Obwohl Amma in so vielen Bereichen tätig ist, zeigt sie niemals Anzeichen von Stress oder Anspannung. Normalerweise würde jemand mit nur einem Bruchteil von Ammas Aufgaben nicht nur völlig in Stress geraten, sondern auch anderen Stress bereiten. Amma leidet jedoch trotz ihrer vielen Projekte nicht unter Symptomen wie Anspannung, Stress, Burnout oder Langeweile. Amma ist nicht nur frei von Stress, sondern vermag andere von ihrem Stress zu befreien. Ich sprach mit vielen Devotees, die Psychiater oder Psychotherapeuten sind – sie nennen Amma die ultimative „Stress-Meisterin".

Das Geheimnis, auf dem Ammas Fähigkeit, all diese göttlichen Eigenschaften auszudrücken beruht, ist *Atma jnana* oder die Erkenntnis des Wahren Selbst. Man sagt, *Atma jnana* sei das Wissen, „aufgrund dessen man alles Wissen besitzt." Wenn wir die in einem Kern enthaltene Energie zu nutzen wissen, können wir diese Energie in jedem Bereich anwenden. Auf dieselbe Weise durchdringt Ammas Selbst-Erkenntnis jeden ihrer Gedanken. Wenn wir Amma beobachten, sehen wir ein interessantes Paradox: Amma nimmt zugleich das Ganze und jedes kleinste Detail wahr. In Bezug auf die kleinste Ebene sagt sie: „Nur wenn du auch die winzige Ameise liebst, stimmt dir Amma zu, dass du sie wahrhaft liebst." Im nächsten Augenblick gibt sie Anweisungen für das Management ihrer riesigen Einrichtungen, z.B. für AIMS,

Ammas 1300-Betten-Krankenhaus oder für ihr Schulsystem „Amrita Vidyalayam" mit seinen 53 Schulen in ganz Indien.

Eine selbstverwirklichte Seele wie Amma versteht wahrhaft die Worte der Schrift: „Der Mikrokosmos und der Makrokosmos sind ein und dasselbe." Da Mahatmas ihre Einheit mit dem allesdurchdringenden Selbst verwirklicht haben, vermögen sie beides zu sehen – das Ganze im Einzelwesen und das Einzelwesen im Ganzen. Amma sagt außerdem, das ganze Universum sei in jedem Einzelnen von uns enthalten. Hier bezieht sie sich auf die Tatsache, dass *Jivatman* (die individuelle Seele) und *Paramatman* (das allerhöchste Sein) ein und dasselbe sind. Wenn die Unwissenheit von *Jivatman*, der individuellen Seele überwunden ist, erkennt sie, dass sie niemand Anderes ist als *Paramatma* – so wie die Welle erkennt, dass sie eins ist mit dem Ozean.

Wollen wir Amma ähnlicher werden, erfordert das einige logische Schritte. Ein Wissenschaftler, der herausfinden will, wie die unendliche Energie eines Atoms nutzbar gemacht werden kann, erforscht zunächst das Wesen des Atoms, in dem die nukleare Energie sowohl enthalten als auch verborgen ist. Wenn wir *atma jnana* erlangen möchten, müssen wir dementsprechend zuerst das Wesen unseres Geistes verstehen, der unsere eigene Unendlichkeit sowohl verbergen als auch enthüllen kann.

Ein König verließ seinen Palast zu einem Morgenspaziergang, als ein Bettler seinen Weg kreuzte und ihn aufhielt. Der König schob den Bettler nicht beiseite, sondern fragte ihn, was er wünsche. Die Antwort war nicht ganz das, was er erwartet hatte. Der Bettler begann nämlich schallend zu lachen, holte Luft und erklärte, was ihn so amüsierte. „Ihr fragt mich so, als ob Ihr meinen Wunsch erfüllen könntet."

Der König erklärte pikiert: „Ich kann selbstverständlich deinen Wunsch erfüllen, sag einfach, um was es geht."

„Überlegt es Euch zweimal, bevor Ihr irgendetwas versprecht", erwiderte der Bettler.

Der König überging aber die Warnung des Bettlers und versicherte nachdrücklich: „Ich werde dir alles erfüllen, was du möchtest. Ich bin Herr über alles, was du siehst – was könntest du dir wünschen, was ich dir nicht geben könnte?"

„Ich habe eigentlich nur einen sehr schlichten Wunsch", erläuterte der Bettler. „Könntet Ihr bitte meine Bettelschale mit irgendetwas füllen? Es ist egal, was Ihr auswählt."

„Selbstverständlich", äußerte der König, rief einen seiner Diener herbei und trug ihm auf: „Bring genügend Goldmünzen, bis die Bettelschale dieses Mannes überläuft." Der Diener ging in den Palast und kehrte mit einem riesigen Sack voller Gold zurück, drehte den Sack um und schüttete Gold in die Schale des Bettlers, um sie zu füllen. Da geschah etwas Seltsames: Sobald die Münzen in die Schale fielen, verschwanden sie darin, so als sei die Schale viel tiefer als vermutet. Der König meinte, es handele sich hier um einen Taschenspielertrick und wies seinen Diener an, noch mehr Münzen in die Schale zu schütten, bis das Maß voll sein würde. Der Diener schüttete und schüttete – doch die Münzen verschwanden, sobald sie den Boden der Schale berührten. Schließlich war der riesige Sack vollkommen leer, doch in der Schale des Bettlers befand sich nicht eine einzige Münze. Da der König versprochen hatte, diese Schale zu füllen und immer noch davon überzeugt war, dass sie nur einen geringen Teil seines Reichtums würde fassen können, gebot er seinem Diener wiederum, in die Schatzkammer zu gehen und den Sack nochmals zu füllen. Diese Szene wiederholte sich viele Male.

Nach einer Weile hatte sich herumgesprochen, was sich da Merkwürdiges am Palasttor abspielte und gegen Mittag hatte sich dort bereits eine große Menschenmenge versammelt. Das Ansehen des Königs stand auf dem Spiel. Seine Diener drängten ihn, den Bettler seines Weges ziehen zu lassen und seine Reichtümer nicht länger in die bodenlose Bettlerschale fließen zu lassen. Der König jedoch verkündete: „Selbst wenn das ganze Königreich verloren geht, sei's drum – ich werde mich nicht von diesem Bettler besiegen lassen."

Schließlich waren die Goldmünzenvorräte des Königs so gut wie aufgebraucht. Er aber ließ weiterhin seine Schätze in die Schale ausleeren. Diamanten, Perlen und Smaragde – alles kam hinein – um augenblicklich darin zu verschwinden. Bei Sonnenuntergang war die Schatzkammer des Palastes völlig leer. Alle Zuschauer verharrten schweigend und gebannt. Schließlich fiel der König dem Bettler zu Füßen und gestand ein, dass er sich geschlagen gebe. Ehe der Bettler sich entfernte, bat ihn der König: „Du bist Sieger, da besteht kein Zweifel. Bevor du uns verlässt, sag mir nur eins: Woraus ist diese Bettelschale gemacht?" Der Bettler sagte lachend: „Das ist kein Geheimnis. Diese Schale ist nichts anderes als der menschliche Geist. Er kann nie zufriedengestellt werden."

Der Versuch seine Wünsche zu überwinden, indem man sie sich erfüllt, kommt dem Versuch gleich, ein wütendes Feuer mit Benzin zu löschen. Wenn wir unseren Begierden nachgeben, gewinnen sie noch mehr Macht. Unsere Begierden können nur dann endgültig überwunden werden, wenn wir unsere Unterscheidungskraft einsetzen und den inneren Mangel der begehrten Dinge erkennen. Das gibt uns die innere Kraft zur Überwindung.

Vor einigen Jahrhunderten lebte in Tamil Nadu ein großer weiser Lehrer mit Namen Pattinatthar. Er war der wohlhabendste Mann in der Küstenstadt Kavirapoom Pattinam, bevor er der Welt entsagte. Es war ihm nicht vergönnt, Vater eines Kindes zu werden. Eines Tages fand ein Brahmane zufällig einen Säugling am Fuße eines Baumes. Da er wusste, wie sehnlichst sich Pattinathar einen Sohn wünschte, brachte er das kleine Kind zu ihm und wurde reich belohnt. Pattinatthar zog das Kind wie seinen eigenen Sohn auf.

Als Pattinatthars Sohn mündig wurde, erbat er sich den väterlichen Segen, um Handelsreisender zu werden. Obwohl Pattinatthar ihn nur ungern ziehen ließ, willigte er ein, in der Hoffnung, der junge Mann werde in seine Fußstapfen treten und ihm sein eigenes Vermögen vergrößern. Bald darauf mietete Pattinatthars Sohn ein Schiff und setzte seine Segel zur Fahrt in fremde Häfen.

Nach langer Zeit erhielt Pattinatthar die Kunde, das Schiff seines Sohnes sei zurückgekehrt und läge im Hafen der Stadt, allerdings gäbe es Probleme. Es ging das Gerücht um, der junge Mann habe seinen Verstand verloren und sei mit einem Schiff voller Reishülsen und getrocknetem Stalldung heimgekehrt. Pattinatthar stürmte außer sich vor Zorn los, um sich selbst ein Bild zu machen. Auf seinem Weg hätte er eigentlich seinem Sohn begegnen müssen; als er das Schiff des Sohnes erreichte, war der junge Mann fort. Beim Betreten der unteren Schiffsräume entdeckte Pattinatthar, dass das, was er gehört hatte, der Wahrheit entsprach. Es gab nichts außer Reishülsen und Dung – vom Boden bis zur Decke und von Wand zu Wand. Pattinatthar verfluchte sein Schicksal und zeterte wütend über seinen nutzlosen Sohn, während er etwas Trockendung aufhob und ihn gegen die Schiffswand schleuderte. Beim Aufprall auf der Wand zerbrach er und im ganzen Raum verstreuten sich kleine leuchtende Teile. Bei näherem Hinschauen erkannte er, dass der Dung mit Diamanten, Perlen und kostbaren Edelsteinen gefüllt war. Als er weitere Ballen aufhob und auseinanderbrach, fand er in allen dasselbe. Sein Sohn hatte dies alles so verpackt, um auf seiner Heimfahrt nicht von Piraten ausgeraubt zu werden.

Pattinatthar eilte nach Hause, blind vor Tränen – Tränen der Freude über den Einfallsreichtum und Erfolg seines Sohnes und

Tränen der Reue, weil er so voreilig den Namen seines Sohnes verflucht hatte.

Als er zu Hause ankam, stand seine Frau mit aschfarbenem Gesicht in der Türe. Sie berichtete ihm von der Ankunft ihres Sohnes – und dass er bereits wieder fortgegangen sei[7].

Der junge Mann habe lediglich eine kleine Schachtel dagelassen, mit der Bitte diese seinem Vater zu überreichen, sobald er nach Hause kommen würde. In der Schachtel lag ein Zettel und eine dünne Nähnadel mit zerbrochener Öse. Auf dem Zettel stand: "Selbst diese Nadel mit zerbrochener Öse wird dich nach deinem Tod nicht begleiten." Als er den Zettel las und die Nadel in seiner Hand hielt, wurde der reiche Mann wie vom Blitz getroffen. Zum ersten Mal wurde ihm bewusst, dass er diese Welt trotz all seiner Reichtümer mit leeren Händen verlassen würde. Nicht einmal den kleinsten und nutzlosesten Gegenstand – eine Nadel mit zerbrochener Öse – würde er mitnehmen können. Als er sich dessen bewusst wurde, beschloss der wohlhabende Mann, Heim und Herd hinter sich zu lassen und einzig und allein Gott zu suchen. Bevor er sich aufmachte, wies er seinen Vermögensverwalter an, seinen Reichtum großzügig an alle Bedürftigen zu verteilen. Als der König des Landes erfuhr, dass der reiche Mann sich aus dem weltlichen Leben zurückziehen wolle, war er schockiert. Wenn die Schatzkammer des Palastes beinahe leer war, hatte er wiederholt von Pattinatthars Großzügigkeit profitieren können. Aus diesem Grunde machte sich der König auf die Suche nach ihm. Er entdeckte Pattinatthar an einem trostlosen Platz außerhalb der Stadt auf einem Felsen sitzend, nur mit einem Lendentuch bekleidet und ging auf ihn zu mit der Frage: "Was ist über dich

---

[7] Von dem adoptierten Jungen sah und hörte man niemals wieder. Viele glauben, er sei eine Inkarnation des Herrn gewesen, dessen Aufgabe es war, Pattinatthar auf den spirituellen Pfad zu führen.

gekommen? Du warst der vermögendste Mann im Königreich. Was hast du gewonnen, indem du alles aufgegeben hast?"

Pattinatthar schaute zum König auf und lächelte. "Oh König, früher erhob ich mich aus Respekt, wann immer du vorbei kamst. Wenn du mich riefst, eilte ich wie ein Sklave herbei. Nun bist du es, der vor mir steht, während ich sitzen bleibe."

Da Pattinatthar von Wünschen befreit war, gab es für ihn nichts zu gewinnen, wenn er dem König seine Referenz erwies. Der König konnte ihm nichts bieten. Als dem König die Wahrheit der Worte des weisen Mannes bewusst wurde, warf er sich ihm zu Füßen und kehrte schweigend in seinen Palast zurück.

Nur wer etwas besitzt, kann anderen Menschen wirklich etwas geben. Je größer der eigene Reichtum, desto mehr kann man logischerweise geben. Amma sagt jedoch: "Spiritualität ist der wahre Reichtum. Dieser innere Reichtum lässt uns reicher werden als der Reichste". Nach dieser Definition war und ist Amma wahrhaftig die reichste Person dieser Welt. Während sie seit mehr als 36 Jahren ihren unermesslichen spirituellen Reichtum über die ganze Welt verteilt, ist er um kein Gramm weniger geworden. Obwohl man sich manchmal dieser Kostbarkeit nicht bewusst wird, nimmt jeder, der Ammas Darshan empfängt, einen Diamanten mit – den Diamanten aus Ammas Segen.

Kapitel 8

Den Geist „managen"

*„Viele Leute verwechseln schlechtes
Management mit Schicksal."*

– Kin Hubbard

Es ist heutzutage zu beobachten, dass die Geschäftswelt und selbst das Militär echtes Interesse an spirituellen Prinzipien, wie etwa an Stressabbau oder geistiger Ausgeglichenheit zeigen. Kürzlich baten paramilitärische indische Streitkräfte Amma um ein Meditationstraining für mehr als eine Million ihrer Soldaten. Nachdem Ammas Brahmacharis begonnen hatten, in ganz Indien in paramilitärischen Zentren (kostenlos) die Amrita-IAM-Meditations-Technik zu unterrichten, ersuchten auch andere Militärabteilungen um dieses Training. Inzwischen suchen viele Geschäftsleute bei Amma Rat und Führung. Einige Unternehmen bieten ihren Angestellten bereits Ammas IAM-Meditations-Technik an.

Selbstverständlich lassen sich die Prinzipien der Spiritualität im Geschäftsleben und in anderen Bereichen anwenden, so wie sich umgekehrt einige grundlegende Geschäftsprinzipien in praktische Spiritualität umsetzen lassen.

In einem Kaufhaus fiel einmal der Strom aus, es wurde stockfinster und die Kunden konnten nichts mehr sehen. Eine nervöse Dame, die zufällig neben einem der Verkäufer stand, wandte sich fordernd an ihn: „Also bitte, können Sie denn nicht etwas tun?"

„Entschuldigen Sie, gnädige Frau", erwiderte der Verkäufer, „ich bin für den Verkauf zuständig und nicht fürs Management."

Abgesehen vom Offensichtlichen illustriert der Witz einen entscheidenden Punkt: Um im Beruf erfolgreich zu sein und seinen Unterhalt zu finanzieren, kann es ausreichen, sich auf ein bestimmtes Gebiet zu spezialisieren. Beispielsweise kann man im Verkauf tätig sein ohne eine Ahnung vom Management zu haben oder man kann im Management sein, ohne etwas vom Verkauf zu verstehen. Wollen wir jedoch im Leben erfolgreich sein, müssen wir versuchen beides zu sein, Verkäufer und Manager und unserem Geist gute „Ware" anbieten, um die herausfordernden Situationen des Lebens zu meistern.

Manche Leute haben grundsätzlich keine hohe Meinung von Managern. Dazu ein Beispiel: Ein Mann fliegt in einem Heißluftballon und merkt, dass er die Orientierung verloren hat. Er senkt den Ballon ab, entdeckt einen Mann unter sich im Feld, geht noch tiefer hinunter und ruft: „Entschuldigen Sie, können Sie mir sagen, wo ich mich befinde?" Der Mann unter ihm: „Ja. Sie befinden sich in einem Heißluftballon, ungefähr 10 m über diesem Feld."

„Kumpel, danke für diese wertlose Auskunft", erwidert der Ballonfahrer. Daraufhin der Mann unter ihm: „Sie arbeiten wohl im Management."

„Das stimmt", antwortet der Ballonfahrer, „aber woher wissen Sie das?"

„Nun", sagt der Mann, „Sie wissen nicht, wo Sie sich befinden und wohin Sie fliegen, erwarten aber, dass ich Ihnen helfen kann. Obwohl Sie sich in derselben Lage befinden, in der Sie waren, bevor Sie mich trafen, geben Sie nun mir die Schuld."

Diese Art von Management ist nicht gemeint, wenn wir davon sprechen, wie der Geist zu meistern ist. Es geht nicht darum, Ausreden zu benutzen oder anderen Menschen die eigene

Verantwortung zuzuschieben. Vielmehr geht es darum, Meister des eigenen Geistes, seiner Reaktionen und Antworten zu werden.

Einst frühstückte ein Mann mit seiner Familie, bevor er ins Büro eilen wollte, um in einer äußerst wichtigen, für den Fortbestand der Firma entscheidenden Sitzung einen Vortrag zu halten. Als seine Tochter nach dem Orangensaft griff, stieß sie aus Versehen seine Kaffeetasse um, so dass der heiße Kaffee über seine Brust lief und sein frisch gebügeltes Hemd beschmutzte. Da er wegen des möglichen Ausgangs der Vormittagsbesprechung ohnehin nervös war, explodierte er, beschimpfte seine Tochter wegen ihrer Unachtsamkeit und zog sich ein anderes Hemd an. Beim Verlassen des Hauses sah er seine Tochter weinend auf der Treppe vor dem Haus sitzen. Verstört durch seinen Wutausbruch hatte sie den Bus versäumt und brauchte nun eine Mitfahrgelegenheit.

Da es bereits spät war, fuhr der Mann mit erhöhter Geschwindigkeit, um seine Tochter zur Schule zu bringen und um rechtzeitig im Büro zu sein. Aufgrund seiner Geschwindigkeitsüberschreitung wurde er von einem Polizisten angehalten, der ihm einen Vortrag hielt und eine saftige Buße verpasste. Als er schließlich sehr spät zu der Sitzung erschien, bemerkte er, dass er seine Aktentasche mit allen Vortragsunterlagen zu Hause vergessen hatte. Somit konnte er zu dieser Sitzung nichts beitragen, seine Firma wurde von der Konkurrenz übernommen und er wurde ohne viel Federlesens entlassen.

Von heut' auf morgen wurde der Mann arbeitslos und seiner Frau und Tochter entfremdet. Rückblickend erkannte er, dass er dieses Chaos seiner Überreaktion auf einen verschütteten Kaffee zu verdanken hatte. Der eigentliche Vorgang hatte sich seiner Kontrolle entzogen. Hätte er sein Temperamt in diesem Moment zügeln können, wären die an diesem Tage daraus entstehenden Probleme vermieden worden. Nun war aus einer Mücke ein Elefant geworden.

Amma weist uns oft darauf hin, dass Spiritualität ein Lernprozess ist, unseren Geist zu beherrschen. Soll das gelingen, müssen wir zum erfahrenen Verkäufer werden. Unser Geist ist nämlich ein schwieriger Kunde, der sich grundsätzlich weigert, das zu akzeptieren, was gut für uns ist.

Andererseits, sagt Amma, ist unser Geist zugleich der größte Verkäufer aller Zeiten. Er ist Experte im Verkaufen seiner eigenen Ideen und Produkte – typischerweise sind das Dinge, die zwar kurzfristig Freude bereiten, uns letztendlich aber nicht zum Besten dienen. Wir müssen deshalb ein besserer Verkäufer werden als unser Geist und zwischen guten und schlechten Geschäften unterscheiden lernen und ihn überreden, den richtigen Weg einzuschlagen. Amma gibt dazu das Beispiel eines Kindes, das die Wahl hat zwischen einer Tafel Schokolade und Gold. Das Kind wird immer die Schokolade wählen, weil diese zu sofortigem Genuss führt. Das Kind weiß nicht, dass es mit den Goldmünzen Berge von Schokolade kaufen und später auch den Zahnarzt bezahlen kann, um seine Zähne reparieren zu lassen.

Als Erwachsene meinen wir, diese Wahl sei leicht und doch werden wir täglich mit ähnlichen Entscheidungen konfrontiert, etwa solchen: Sollen wir den Fernsehapparat einschalten oder meditieren? Sollen wir etwas Gemeinnütziges tun oder lieber neue Kleider einkaufen gehen? Sollen wir den neuesten Krimi lesen oder die *Bhagavad Gita?*

Es ist lehrreich, die Geschichte von Nachiketas in den *Katha Upanishad* zu lesen. Nachiketas wendet sich bei seiner Suche nach dem wahren Wissen an Yama, den Herrn des Todes und bittet ihn um Unterweisung. Yama versucht ihn davon abzubringen und bietet ihm weltliche und himmlische Vergnügen an – ein langes gesundes Leben, großartige Paläste, himmlische junge Mädchen und unermesslichen Reichtum. Yama ist ein guter Verkäufer, Nachiketas jedoch ist ein noch hartnäckigerer Kunde. Alles, was Yama ihm anbietet, weist er auf selbstbewusste Weise von sich und ist mit nichts Geringerem zufrieden als mit *atma jnana*.

Tatsächlich hatte Yama die Eignung von Nachiketas als Schüler getestet, bevor er ihm spirituelles Wissen verlieh.

Zu unserem Glück sind Ammas Forderungen nicht so hoch und sie unterwirft uns nicht solch strengen Prüfungen. Vermutlich weiß sie, dass die meisten von uns sie nicht bestehen würden; angesichts solch wunderbarer Angebote würden wir sofort durchfallen!

Ebenso wie ein erfahrener Geschäftsmann den Markt, die Konkurrenz und das Verhalten der Verbraucher erforscht, durchschaut Amma das Wesen der Welt und die Natur der Menschen und deren Einstellungen und Gewohnheiten. Sie weiß, dass in der heutigen Welt Spiritualität schwierig zu verkaufen ist. Manchmal scherzt sie: Käme Gott selbst zu uns, um uns Erleuchtung anzubieten – während wir gerade vor dem Fernseher säßen – würden wir antworten: „Oh Herr, dieses Programm wird nicht nochmals ausgestrahlt. Würde es dir in deiner Ewigkeit etwas ausmachen, später nochmals vorbeizukommen?"

Fernsehen, Krimis und Einkaufszentren gehören zu den vielen Dingen, die um unsere Aufmerksamkeit wetteifern. Amma bietet uns deshalb ein Pauschalangebot an: Wenn wir uns mit einem Wunsch oder Problem an sie wenden, hilft sie uns, diesen Wunsch zu erfüllen oder das Problem zu lösen und gleichzeitig unterstützt sie uns, unseren Geist allmählich auf Spiritualität auszurichten.

Viele junge Inder, die Amma gegenüber den Wunsch zum Ausdruck brachten, nach Amerika zu gehen, fanden dort schließlich eine Arbeit. Als sie Amma auf ihrer Tour durch Amerika wiedersahen, wurden sie von ihrem Vorbild derart inspiriert, dass im Laufe der Zeit ihr einziger Wunsch darin bestand, nach Indien zurückzukehren und in Ammas Ashram zu leben.

Es ist schwierig, unserem Geist gute Dinge anzupreisen, aber Ammas Produkte – Liebe, Mitgefühl und Dienen – sind unwiderstehlich. Somit ist auch Amma auf eine Weise im „Verkauf tätig", auch wenn ihre Produkte kostenlos sind. Sie ist jedoch nicht nur im Verkauf, sondern auch im Management tätig.

Da das vom „Mata Amritanandamayi Math" geleitete Netzwerk karitativer Einrichtungen immer größer wird, gewinnen manche Leute möglicherweise den Eindruck, Amma sei nicht mehr direkt an der Organisation beteiligt, sondern lediglich noch Aushängeschild. In Wirklichkeit jedoch erfüllt Amma auch weiterhin die Rolle eines „Makro-Managers" und eines „Mikro-Managers" – so unaufhörlich das karitative Netzwerk des Ashrams auch wächst. Obwohl Amma mehr als die Hälfte des Tages Darshan gibt, bleibt sie in unmittelbarem Kontakt mit Tausenden von Menschen und berät alle am Wirken des Ashrams Beteiligten und unterhält mit jedem ihrer Devotees eine persönliche Verbindung. Das ist vermutlich eines der größten Wunder, das die Welt je gesehen hat.

Amma ist sicherlich das einzige Wesen auf Erden, das zigtausend Menschen namentlich kennt. Vor einigen Jahren, kurz nachdem Amma ein Programm in Cochin gehalten hatte, kam einer der Fahrer des Ashrams, der im dortigen Krankenhaus arbeitet, zum Darshan nach Amritapuri. Als Amma ihn sah, fragte sie ihn: „He, wo warst du während des Programms in Cochin?" Der Fahrer erklärte, er habe angesichts der Menschenmenge, die zum Darshan kamen, ihr nicht noch mehr aufbürden wollen. „Ich dachte, du seiest zu beschäftigt."

„Wer war beschäftigt – du oder ich?", fragte Amma ihn. „Du hättest zum Darshan kommen sollen."

Der Fahrer war völlig perplex, als ihm bewusst wurde, dass Amma nicht nur seine Abwesenheit bemerkt hatte, sondern ihn auch noch darauf ansprach. Ich stand daneben und war ebenfalls überrascht. Welchem Chef würde wohl auffallen, wenn unter Hunderten von Fahrern einer abwesend wäre? Amma jedoch sprach mit ihm, als hätte sie alle Zeit der Welt.

Ich habe mich schon oft gefragt, ob Amma ein Mittel erfunden hat, um mehr als 24 Stunden in einen Tag zu packen, ohne dass es jemand merkt. Man darf nicht vergessen, dass all denjenigen, die Großes bewerkstelligt haben, auch nur 24 Stunden am Tag zur Verfügung standen. Kriminelle verfügen genauso wie Leute, die ihre Zeit vergeuden, ebenfalls nur über 24 Stunden pro Tag. Letztendlich hängt das, was wir erreichen davon ab, wie wir die uns verfügbare Zeit nutzen.

Die folgenden Geschichten zeigen, wie umfassend Amma an den Alltagsaufgaben in ihren Einrichtungen beteiligt ist. Die erste Geschichte erzählte mir einer der Brahmacharis, der den Campus von Ammas Universität in Amritapuri betreut. 2007 wurde auf diesem Campus eine Fakultät für Sozialarbeit eröffnet – zusätzlich zu der schon bestehenden Technischen Universität, der Fakultät für Biotechnologie, dem College für Ayurveda und der im Jahr zuvor eröffneten Fakultät für Künste und Wissenschaft. Selbstverständlich waren aufgrund dieser Erweiterung zusätzliche Computer notwendig. Der Brahmachari bat die Abteilungsleiter, zusammen mit ihren Mitarbeitern zu überlegen, wie viele Computer benötigt würden und ihm das Ergebnis mitzuteilen. Kurz darauf stellten die Abteilungsleiter einen offiziellen Antrag auf 150 zusätzliche Computer. Der Brahmachari, den Umfang und Sorgfalt des Antrags beeindruckte, ging damit direkt zu Amma. Als er Amma die Zahlen vortrug, entgegnete sie: „Warum willst du denn so viel Geld sinnlos ausgeben? Du solltest wirklich deine Hausaufgaben machen, bevor du solch einen Antrag bringst."

Der Brahmachari erwiderte nichts darauf und ging mit schwerem Herzen davon und fragte sich: „Warum sagt Amma das? Die Mitarbeiter haben doch alles so genau ausgearbeitet und alle Beteiligten befragt." Als er sich spätnachts schlaflos im Bett hin und her drehte, ging ihm plötzlich auf, wie korrekt das war, was Amma gesagt hatte: „Du solltest wirklich deine Hausaufgaben machen". Er hatte die Zusammenstellung ja gar nicht selbst gemacht, sondern lediglich alle Daten von den verschiedenen Abteilungen eingesammelt und für bare Münze genommen. Als ihm das bewusst wurde, blieb er den Rest der Nacht auf und schaute sich die verschiedenen Fakten und Zahlen an. Schließlich ging ihm auf, dass die Abteilungsleiter – da sie gegenseitig keinen Zugriff zu den Daten der anderen hatten – nicht recht wussten wie Ressourcen eingespart werden konnten. Tatsächlich wurden nicht 150, sondern nur 90 Computer benötigt. Aufgrund dieser schlichten Erkenntnis konnten mehr als eine Million Rupien eingespart werden. Am nächsten Tag ging er mit seinem überarbeiteten Vorschlag nochmals zu Amma. Noch bevor er etwas sagte, schaute Amma ihn an und lächelte. Mitten im Darshan fragte sie ihn: „Hast du deine Hausaufgaben gemacht?" Er teilte Amma seine Ergebnisse mit und sie gab ihm den Auftrag zum Kauf.

Eines der neueren Projekte des Ashrams wird *Matru Gramam* oder „Mutters Dorf" genannt. Mit diesem Projekt hat der Ashram eine Frauen-Kooperative in den umliegenden Dörfern gestartet, in denen die Familien traditionellerweise vom Fischen als der einzigen Einkommensquelle abhängig waren. In der Vergangenheit hungerten diese Frauen und ihre Kinder, wenn der Fischfang kärglich war oder ihren Männern auf See etwas zustieß. Nun bietet der Ashram ihnen eine Ausbildung und materielle Unterstützung an, so dass sie verschiedene Produkte in ihren Gemeinschaften herstellen und verkaufen können. Diese Kooperativen stellen alles Mögliche her – von Schuhen, Schokolade und Schuluniformen bis zu Saris, Fischprodukten und Essiggemüse.

Es gibt bereits mehr als 600 solcher Kooperativen – und Amma beobachtet mit sehr großem Interesse den Fortschritt jeder einzelnen Gruppe.

Kürzlich brachte eine Gruppe von Frauen Amma eine von ihnen hergestellte Milchsüßigkeit zum Probieren, die sie demnächst verkaufen wollten. Obwohl Amma an diesem Tag einer riesigen Menschenmenge Darshan gab, nahm sie sich die Zeit innezuhalten und das Ergebnis der Bemühungen dieser Frauen zu kosten. Beim Probieren stellte sie fest, dass da etwas nicht stimmte und fragte die Frauen nach ihrer Zubereitungsmethode. Es stellte sich heraus, dass sie, um Geld zu sparen, Palmöl statt Ghee verwendet hatten. Amma erklärte ihnen, Palmöl verderbe den Geschmack. Sie rief daraufhin nach dem für die Küche zuständigen Brahmachari und bat ihn, den Frauen zu zeigen wie die Süßigkeit mit den richtigen Zutaten zuzubereiten sei. Obwohl dies nur *eine* Gruppe von mehr als 600 solcher Gruppen war, in nur *einem* der vielen Projekte des Ashrams, wollte Amma sicherstellen, dass alles richtig ausgeführt wurde.

Amma sagt: „Nichts ist unbedeutend. Ein Flugzeug kann abstürzen, wenn nur ein paar kleine Schrauben in einem wichtigen Teil fehlen. Alles hat seinen Platz in Gottes Schöpfung. Nichts darf außer Acht gelassen werden."

Amma hat schon immer ihre Aufmerksamkeit auf kleine Details gerichtet, die leicht übersehen werden können. Vor vielen Jahren, als der Haupttempel des Ashrams errichtet worden war, hörten wir, Amma sei aufs Dach gegangen. Wir gingen ihr nach und sahen, dass Amma dort herumkroch und nach etwas zu suchen schien, als habe sie Gold verloren. Beim näheren Hinschauen erkannten wir, dass sie alle verbogenen Nägel und kleine Metallstücke aufhob, die beim Bauen übrig geblieben waren. Es war uns schleierhaft, warum Amma diesen Überbleibseln so viel

Bedeutung beimaß. Amma erklärte uns ungefragt, es würden Menschen auf dem Dach schlafen müssen, wenn der Ashram überfüllt sei und solche Metallstücke könnten ihren Fuß verletzen. Bei einem Diabetiker beispielsweise könnte das eine ernsthafte Infektion hervorrufen, deren Behandlung sich die Person vielleicht nicht leisten könne.

Amma fügte hinzu, die Metallreste seien außerdem kein Abfall, sondern könnten verkauft werden und mit dem Erlös könne man sich um Arme kümmern und sie mit Nahrung versorgen.

Bis auf den heutigen Tag widmet Amma Details dieselbe Aufmerksamkeit. Während der Nordindientour 2007 waren wir im Anschluss an Ammas Programm in Bangalore lange unterwegs, um rechtzeitig Hyderabad zu erreichen. Dort begann am nächsten Morgen die nächste Veranstaltung. Obwohl Amma weder gegessen noch geschlafen hatte, kam sie spät abends aus ihrem Zimmer, um den Platz in Augenschein zu nehmen. Da es kurz vor Mitternacht war, waren nicht mehr sehr viele Leute noch wach und so konnte sie sich frei bewegen. Die Bühne hatte man auf einem Schulhof errichtet, der in die Flanke eines Hügels gegraben worden war. Was der Aufmerksamkeit der Veranstalter entgangen war, fiel Amma sofort auf: Der Schulhof bot nicht genügend Platz für alle, die zum Programm kommen würden. Amma umrundete den Schulhof, stellte da und dort einen Stuhl hin, setzte sich und beurteilte kritisch, ob von überall die Bühne zu sehen war – und wenn das nicht der Fall war, gab sie Hinweise, wie der Blick auf die Bühne ermöglicht werden konnte. Es war ihr so wichtig, dass wirklich jeder die Bühne würde sehen können. Als ich das beobachtete, fragte ich mich, ob es wohl irgendjemanden sonst gäbe, der vor dem Auftritt vor einer solchen riesigen

Menschenmenge jedem einzelnen Programm-Teilnehmer so viel Bedeutung beimessen würde.

Ich habe hier einige Beispiele von Ammas vorbildlichem „Mikro- und Makro-Management" aufgezählt – und jeden Tag kommen mehr hinzu. Als Meisterin ihres Geistes vermag Amma jede Situation vollkommen zu gestalten.

Amma möchte uns helfen, unseren Geist gut zu lenken – nicht etwa, weil sie selbst etwas davon hätte, sondern weil sie weiß, dass nur daraus dauerhafter Frieden und Glück erwachsen können. Sie ist Tag und Nacht bereit uns dabei zu unterstützen. Ihr Leben hat sie dem Dienst geweiht – vom Zählen der Computer bis zum täglichen Umarmen Tausender von Menschen; vom Austesten der Zutaten für Süßigkeiten bis hin zur Anleitung der Menschen zur Hingabe an Gott in ihrer täglichen Bhajan-Stunde; vom Aufsammeln von Metallresten bis zur Aufklärung der Menschen über ihre wahre Natur in ihren Satsangs. Ammas Geist ist vollkommen frei von selbstsüchtigen Wünschen. Sie hat ihn gemeistert – ein für alle Mal.

Ich hörte von den spirituellen Zwei-Tage-Retreats eines berühmten Mannes, der dabei täglich nur 45 Minuten mit den Teilnehmern verbringt. Jemand fragte ihn: „Wir wenden Zeit und Geld auf, nur um mit dir zusammen zu sein. Warum verbringst du nicht mehr Zeit damit, zu uns zu sprechen?"

Darauf antwortete die Berühmtheit: „Der menschliche Geist kann nicht so viel Weisheit auf einmal aufnehmen – mehr Zeit mit euch zu verbringen wäre Zeitverschwendung".

Ganz anders Amma: Bei einem ihrer typischen Zweieinhalb-Tage-Retreats verbringt Amma mehr als 40 Stunden mit ihren Kindern. Amma empfindet nie die mit uns verbrachte Zeit als verschwendet. Sie erklärt uns, es sei schier aussichtslos, Äpfel in Kerala anzupflanzen und selbst wenn es gelänge, hätten die Äpfel nur eine geringe Qualität – wohingegen Äpfel, die in Kashmir

wachsen, einen hervorragenden Geschmack haben. Jedes Unter-
fangen braucht die entsprechend günstige Atmosphäre. Die
Gegenwart einer wahren Meisterin bietet die günstigste Atmosphäre, um die Meisterung unseres Geistes zu lernen.

Kapitel 9

Ammas Geheimrezept

„Die Schönheit und Anmut selbstlosen Dienens
sollte niemals vom Antlitz dieser Erde entschwinden.
Die Welt sollte erkennen, dass man ein Leben
der Hingabe führen kann, ein Leben, das
von Liebe und Dienen inspiriert ist."

– Amma

Ammas Netzwerk humanitärer Projekte wächst ständig. Trotzdem überrascht sie uns immer wieder mit Neuem. Als sie im Jahre 2002 den Bau von 25 000 Häusern abgeschlossen hatte, meinten wir, nun werde sie damit zufrieden sein. Stattdessen verkündete sie als neues Ziel die Errichtung weiterer 100 000 Häuser im ganzen Land. Als sich im Jahr 2004 der Tsunami ereignete, versetzte sie uns alle in Erstaunen über das, was schließlich ein 46-Millionen-Dollar-Hilfs-und Wiederaufbau-Projekt wurde. Nach dem Hurrikan Katarina in den USA verblüffte sie ihre amerikanischen Devotees mit der Bereitstellung einer Million Dollar für den Bush-Clinton-Katarina-Hilfsfond.

Es ist höchst erstaunlich, mit welcher unerschütterlichen Entschlossenheit Amma sich an die Umsetzung dieser gigantischen Projekte macht. Ihre Entschlossenheit zeigt sich in der Spontaneität ihres Vorgehens. Während ihres Besuchs in Mumbai im Jahre 2007 wurde Amma zu einem Treffen auf hoher politischer Ebene mit dem Premierminister von Maharashtra eingeladen, um über die zunehmende Selbstmordrate verarmter Kleinbauern zu beraten. Im Anschluss an das Treffen überraschte Amma ein weiteres Mal – nun mit ihrer unerwarteten Zusage, sie werde zur Linderung dieser Situation eine neue Inititative ins Leben rufen. Die ersten beiden Schritte dieses umfangreichen Hilfspaketes beinhalten die Finanzierung der Ausbildung von 30 000 Kindern verarmter Kleinbauern und eine Ausbildung plus Startkapital für 5000 Heimarbeits-Kollektive von Frauen aus verarmten bäuerlichen Familien. Das Ziel beider Initiativen ist die Minderung der finanziellen Belastung der Familien und ihre finanzielle Eigenständigkeit.

Dies setzte alle in Ammas Umfeld in Erstaunen, da dies eindeutig ein weiteres Millionen-Dollar-Hilfsprojekt bedeutete. Was sagte Amma dazu? Woher kann Amma denn so viel Geld bekommen? Bevor wir eine große Geldsumme für etwas ausgeben, durchlaufen wir gewöhnlich erst einmal eine Phase quälender Unsicherheit. Doch in Ammas Gesicht zeigte sich nicht die leiseste Spur von Zögern oder Bedauern.

Amma empfing vor einiger Zeit in Amritapuri Olara Otunnu, den früheren Präsidenten des UN-Sicherheitsrates und stellvertretenden Generalsekretär der Vereinten Nationen. Als man ihn nach seinem Eindruck von Ammas humanitärem Werk befragte, antwortete er: "Ich denke, die UNO und andere NGOs (Nichtregierungs-Organisationen) haben manches von Amma und dem, was sie hat aufbauen können, zu lernen."

Amma erklärt dazu, dass viel von dem Geld, das Regierungen für Hilfsprojekte bereitstellen, in die Gehälter fließt. Sie wirft den Regierungen nicht Fehlverhalten vor – denn natürlich müssen diese ihren Angestellten die Gehälter zahlen und den Regierungsapparat aufrecht erhalten. Doch letztendlich ist es so, als ob man Öl von einem Glas in das andere in einer Reihe aufgestellter Gläser gießen würde. "Am Ende ist dann kein Öl mehr übrig", sagt Amma. "Es ging alles verloren, weil es an den Gläsern haften blieb. Auf diese Weise kommen von 1000 Rupien lediglich 100 Rupien bei den Menschen an. Wenn hingegen der Ashram 10 Rupien erhält, vervielfacht sich das Geld durch die vom Ashram geleistete Arbeit."

Mr. Otunnu machte während seines Besuches in Amritapuri folgende Bemerkung: "Eines der Probleme, denen wir bei internationalen Hilfsprojekten begegnen, besteht darin, dass viel von dem, was als Hilfsmittel zur Unterstützung der Bedürftigen gedacht ist, zu denen geht, die für diese Unterstützung zuständig sind – das Personal. Die Unkosten sind relativ hoch im Vergleich zu dem, was schließlich bei denjenigen ankommt, die wirklich in Not sind. Bei Ammas Organisation erstaunt mich, wie viel von dem gespendeten Geld unmittelbar denjenigen zugutekommt, die in Not sind. Das ist bemerkenswert und ich bin beeindruckt zu sehen, nach welchem Rezept ihr das gelingt."

Soll ein Rezept gelingen, braucht man dazu die richtigen Zutaten. Mit Ammas Rezept der Entsagung, der unablässigen Hingabe und selbstlosen Liebe ist alles möglich.

Ammas erster Besuch in Südamerika im Juli 2007 veranschaulicht diese Tatsache sehr deutlich. Ihre erste Veranstaltung fand in der Andenmetropole Santiago in Chile statt. Wenn noch irgendwelche Zweifel darüber bestanden, wie die Menschen wohl auf Amma reagieren würden, war mit dem ersten Darshan alles beantwortet. Als die Sonne über den Anden aufging, bewegte sich eine unüberschaubare Menschenmenge auf das Kongresszentrum zu. Die riesige Halle war bereits vor Ammas Ankunft voll. Als Amma erschien, wurde sie von tosendem Beifall begrüßt. In den folgenden drei Tagen wurde tatsächlich jedes Mal Ammas Ankunft oder Weggang, sowie jeder Bhajan von Applaus begleitet. Es war offensichtlich, dass die Menschen von Santiago das in Amma erkannten, was Menschen überall in der Welt seit 20 Jahren in ihr sehen – Gottes Liebe in einem menschlichen Körper.

Während des Vormittagprogramms wurde Amma von allen größeren Zeitungsagenturen des Landes umringt. Ihr Besuch in Chile war wirklich das herausragende Ereignis der Nachrichten. Der Andrang der Massen war so groß, dass jedes Programm dieser drei Tage fast ohne Unterbrechung in das nächste überging.

Bevor Amma Chile verließ, traf sie einige der örtlichen Devotees, die bei der Organisation der Veranstaltung mitgewirkt hatten. Jeder war wirklich erstaunt, wie reibungslos das Programm verlaufen war, obwohl keiner der daran Beteiligten je zuvor eine Veranstaltung organisiert hatte und die Mehrheit der freiwilligen Helfer Amma vor ihrem Besuch noch nie gesehen hatten. Von den Freiwilligen hatten sich viele eine Woche oder mehr Urlaub genommen, um sich ganz für den Erfolg des Programms einzusetzen. Amma blickte liebevoll in die Augen ihrer Kinder von Santiago und fragte sie: "Wie habt ihr das gemacht?" Einer von ihnen antwortete ohne Zögern: "Unsere Liebe zu dir gab uns Kraft und Inspiration." Als Amma dies vernahm, nickte sie zustimmend und sagte lächelnd: "Wo Liebe ist, wird alles möglich."

Amma wendet dieses Erfolgsrezept nicht nur in ihrem eigenen Leben an, sondern kann durch sorgfältige Führung und ihr eigenes makelloses Vorbild genau diese Werte überall in der Welt ihren Schülern und Anhängern einprägen.

In den Anfangsjahren des Ashrams wurde an alle Besucher kostenlos Essen ausgegeben. Erst danach aßen die Bewohner des Ashrams und Amma aß als Letzte von allen. Oft war nichts mehr übrig, wenn allen Gästen serviert worden war und die Bewohner gingen leer aus. Damals gingen dann einige von uns los und versuchten für den Ashram Lebensmittel einzukaufen, hatten aber oft nicht genügend Geld, um das Nötigste zu besorgen. In solch einer Situation fragte sich einer der Brahmacharis, ob wir in der kommenden Woche wohl gänzlich ohne Essen auskommen müssten. Als wir Amma fragten, was wir tun sollten, antwortete sie: "Seid unbesorgt. Immer wenn Not herrscht, wird Gott beistehen. Geld kommt und Geld geht. Ihr müsst euch nicht darum kümmern. Geht meditieren."

Der Brahmachari versuchte Ammas Anweisungen zu befolgen, konnte aber nicht gut meditieren, da er sich solche Sorgen machte – nicht nur wegen der Devotees, sondern auch weil er sich fragte, woher denn wohl sein eigenes nächstes Essen kommen werde. Bereits am nächsten Tag tauchte jemand auf und schenkte uns 1000 Rupien. In jener Zeit erschienen uns tausend Rupien so viel wie eine Million Dollar. Mit diesem Geld zogen wir los und kauften Lebensmittel für die kommende Woche.

Da der Ashram finanziell mittlerweile besser gestellt ist, wird rückblickend deutlich, wie einzigartig – wenn auch in gewisser Hinsicht sehr schwer – diese Zeit für jeden einzelnen von uns ebenso wie für den Ashram war: Amma lehrte uns, wie man Mittel sinnvoll verwendet und nicht verschwendet. Genau diese Prinzipien haben es Amma und ihrem Ashram ermöglicht, so viel mit so Wenigem zu erreichen.

Und wie immer ist Amma das vollendete Vorbild ihrer eigenen Lehren. Auch heute noch ist Amma – die derart umfangreiche Hilfsprojekte ins Leben gerufen und durchgeführt hat – sehr darauf bedacht, dass selbst der kleinste Geldbetrag nicht unnötig ausgegeben wird. Dazu ein Beispiel: Es ist völlig natürlich, dass wir das schönste Papier für einen Brief an Amma verwenden möchten. Nun gibt es mehr als 3000 Bewohner im Ashram und jeder möchte sein Herz in einem Brief an Amma ausschütten. Amma bittet jedoch darum, gebrauchtes Papier (das bereits einseitig beschrieben oder bedruckt ist) für Briefe und selbst für Berichte der Buchhaltung des Ashrams zu verwenden. Obwohl man manchmal abgelenkt wird, wenn man Berichte auf solchem

Papier lesen muss, betont Amma ausdrücklich, dass auf diese Weise Geld eingespart wird, das anderweitig genutzt werden kann, z.B. für Medizin, Lebensmittel, Kleidung oder Unterkunft für Bedürftige. Außerdem trägt das zu einer geringeren Abholzung der Wälder bei.

Amma betont immer wieder, dass all unsere Bemühungen durch die Gnade Gottes Früchte tragen. Es reicht nicht aus, lediglich hart zu arbeiten und Geld zu sparen, denn schließlich muss das Geld ja irgendwo herkommen. Amma hat darüber nie Zweifel aufkommen lassen. Auch heute noch, wenn Amma ihre neuen Projekte vorstellt, taucht unweigerlich die Frage auf: "Amma, woher soll denn das Geld kommen?" Amma antwortet darauf im selben Tonfall wie in den vergangenen Jahren, wenn es um Geld für Lebensmittel für den Ashram ging: "Geld kommt und Geld geht. Gott wird alles Notwendige bereitstellen."

Kapitel 10

Dem Netz Mayas entrinnen

*„Lasst uns prüfen – bevor wir unser Herz zu
sehr an etwas hängen – ob diejenigen, die dieses
Etwas bereits besitzen, wohl glücklich sind."*

Francois de La Rochefoucauld

*«Demut ist so erstrebenswert, weil sie uns
Wundervolles beschert. Sie entwickelt in uns die
Fähigkeit zu größtmöglicher Gottesnähe.»*

Monica Baldwin

In Tamil Nadu lebten vier Heilige, die als die vier Meister des Shivaismus[8] bekannt sind. Sundarar aus dem Dorf Tirunavalur war einer dieser vier Meister. Bei seiner Geburt gab man ihm den Namen Nambiarurar. Doch da er ein so auffallend schönes Kind war, kannte man ihn auch unter dem Namen Sundarar (der Schöne).

Eines Tages fuhr der König in seiner Kutsche vorbei, als Sundarar am Straßenrand spielte. Als sein Blick auf den Jungen fiel, wurde er von dessen außerordentlicher Schönheit so gefesselt, dass er aus seiner Kutsche stieg und mit ihm zu spielen begann. Bald schon bemerkte er, dass das Kind der Sohn seines guten

---

[8] Unter "Shivaismus" versteht man die hinduistischen Traditionen, in deren Mittelpunkt die Verehrung Shivas steht.

Freundes war, worauf er in das Haus seines Freundes ging und diesen bat, ihm das Kind zu überlassen. Dem Freund des Königs blieb nichts anderes übrig als in diesen Vorschlag einzuwilligen.

Und so kam es, dass der König Sundarar wie seinen eigenen Sohn aufzog. Er bemühte sich, all seine Bedürfnisse zu erfüllen und unterwies ihn sorgfältig in den heiligen Schriften und den ewigen menschlichen Tugenden. Als der Junge in das entsprechende Alter kam, wurden Vorbereitungen für die Hochzeit mit einer passenden jungen Frau getroffen. Als die Hochzeitsfeier beginnen sollte, kam ein alter Brahmane auf Sundarar zu und eröffnete ihm: „Zwischen uns ist noch ein Rechtsfall offen. Erst wenn der beigelegt ist, kannst du heiraten." Völlig verwirrt fragte ihn Sundarar:

„Was meinst du damit? Welcher Rechtsfall?"

Der alte Mann wandte sich an die versammelten Gäste und rief laut: „Hört alle zu – dieser junge Mann ist mein Sklave!"

Die Anwesenden waren völlig verblüfft. Sundarar selbst blieb jedoch unbeeindruckt von der Behauptung des Brahmanen. „Ich bin der adoptierte Sohn des Königs – wie könnte ich denn dein Sklave sein?" höhnte er.

Der alte Mann ließ sich nicht abschrecken und erklärte: „Vor langer Zeit war dein Großvater mein Sklave und unterschrieb einen Vertrag, demzufolge alle seine Nachkommen ebenfalls meine Sklaven sein würden. Deshalb solltest du mich nicht verhöhnen."

„Du bist ein verrückter alter Kauz", protestierte Sundarar und lachte fröhlich.

„Du scherzt darüber, aber ich habe einen Beweis für meine Behauptung," fuhr der alte Mann fort und hielt ein beschriebenes Palmblatt hoch: „Hier ist der von deinem Großvater unterschriebene Vertrag."

Wortlos schnappte sich Sundarar das Palmblatt und zerriss es in Fetzen.

Der alte Mann schrie außer sich: „Wie kannst du einen unterschriebenen Vertrag missachten!", wandte sich erneut an die Umstehenden und bestand darauf: „Die Vereinbarung muss geachtet werden!"

Die Versammelten versuchten ihn zu besänftigen: „Deine Behauptung ist seltsam. Wir haben noch nie gehört, dass ein Brahmane der Sklave eines anderen Brahmanen wurde."

Der alte Mann beharrte: „Und trotzdem ist Sundarar mein Sklave und ich bin sein Meister. Ich bin aus Thiruvennai Nalloor und dorthin muss er mit mir zurückkehren und mir dienen."

Da der alte Mann derart beharrlich war, erklärte sich der König bereit, dass einige seiner Ratsherren den alten Mann in sein Dorf begleiten und dort den Ältestenrat befragen sollten, ob die Forderung des alten Brahmanen berechtigt sei.

So zogen Sundarar, einige Männer des Königs und der alte Brahmane in einer Prozession in das Dorf des alten Mannes. Als sie dort ankamen, führte der alte Mann die Gruppe vor den Ältestenrat. Doch auch dem Ältestenrat schien der Mann ein Fremder zu sein – niemand hatte ihn je zuvor gesehen. Da der alte Mann jedoch behauptete, aus dem Dorf zu stammen, hörten sie sich schließlich seinen Fall an. Als er sein Anliegen und die Ereignisse des Tages vorgetragen hatte, sagte einer des Ältestenrates: „Nun, da Sundarar das Palmblatt zerrissen hat, gibt es für deine Aussage keinen Beweis."

„Das war lediglich eine Kopie" erwiderte der alte Mann, „ich habe das von seinem Großvater unterzeichnete Original bei mir", zog ein anderes Palmblatt hervor und hielt es hoch.

Nach sorgfältiger Prüfung und Vergleichen mit anderen Urkunden des Dorfes erklärte der Ältestenrat den Vertrag für gültig und wandte sich an Sundarar: „So seltsam dieser Fall auch sein mag, du bist tatsächlich sein Sklave. Es bleibt dir nichts anderes übrig als ihm zu dienen, so wie er es fordert."

Daraufhin wandten sich die Ältesten an den alten Mann und sprachen: „Du sagst, du seiest aus diesem Ort und der Vertrag beweist das auch, doch niemand von uns hat dich jemals zuvor gesehen. Wo ist denn dein Haus? Bitte zeige uns den Ort, an dem du lebst."

Der alte Brahmane antwortete: „Kommt mit mir und ich werde euch mein Haus zeigen."

Alle folgten ihm mit großer Neugier. Der Brahmane führte sie ins Ortszentrum, wo der Shiva-Tempel stand. Ohne nach links oder rechts zu schauen, ging er direkt die Tempelstufen hinauf. Sobald seine Füße das innere Heiligtum betraten, löste er sich in Luft auf. Von Hingabe an den Herrn überwältigt fiel Sundarar auf die Knie und seine Augen füllten sich mit Tränen. Plötzlich erschien ihm Shiva, mit der Göttin Parvati an seiner Seite. Shiva erklärte ihm: „Ich bin gekommen, um dich aus den Fängen von Maya (Illusion)[9] zu befreien." Und bevor Shiva wieder entschwand, verkündete er: „Das von Liebe erfüllte Lied ist das beste Archana (Verehrung) für mich." Nach diesem Geschehen komponierte Sundarar viele herrliche Gesänge für Shiva, die bis zum heutigen Tag gesungen werden. Sundarar betrachtete sich für den Rest seines Lebens als Diener des Herrn.

Man möge sich an dieser Stelle daran erinnern, dass Sundarar nur wenige Augenblicke in der Gegenwart einer göttlichen Inkarnation verbrachte – wohingegen Amma unser ganzes Leben lang für uns da ist. Es liegt an uns, den bestmöglichen Nutzen aus dieser Gelegenheit zu ziehen.

---

[9] Gemäß Advaita Vedanta verursacht Maya, dass *jivatma* (individuelle Seele) sich irrtümlicherweise mit Körper, Gemüt und Intellekt identifiziert, statt mit ihrer wahren Identität, dem Paramatman.

Einer anschaulichen Beschreibung zufolge nutzten die Schüler von Sri Ramakrishna Paramahamsa zwei verschiedene Methoden, um dem Netz von Maya bzw. der Illusion der objektiven Wirklichkeit zu entkommen: Es heißt, dass Nagamahasaya, ein Familienvater, so klein wurde, dass er durch die Maschen von Mayas Netz fiel, wohingegen der Mönch Swami Vivekananda so groß wurde, dass das Netz ihn nicht mehr bedecken konnte.

In diesem Sinn lehrt Amma uns, danach zu streben, entweder nichts oder alles zu werden; das heißt, wir sollen entweder so demütig werden, dass sich unser Ego auflöst und wir im Absoluten aufgehen oder wir sollen unseren Geist so weit werden lassen, dass wir jegliches Gefühl für unser Selbst als begrenzte Einzelperson verlieren und uns vollkommen mit der Gesamtheit des Seins identifizieren. Gegenwärtig sind die meisten von uns jedoch nicht bereit, den einen oder den anderen Kurs einzuschlagen. Wir möchten weder alles, noch nichts werden, sondern lieber irgendetwas.

Amma weist uns darauf hin, dass wir die „Essenz von OM" sind. Die Schriften klären uns darüber auf, dass wir Brahman sind und andere spirituelle Lehrer vermitteln uns, dass wir mit Gott eins sind. So wird auf verschiedene Art und Weise zum Ausdruck gebracht, dass unsere wahre Natur unbegrenzt, ewig und glückselig ist. Und was ist schließlich unsere eigene Erfahrung? Unsere Erfahrung ist nicht die des Göttlichen – sondern die eines begrenzten Individuums voll kleinlicher Ängste, Ärger, Zweifel und Schmerz.

Wenn wir uns also nicht als das höchste Bewusstsein empfinden, könnte man doch erwarten, dass wir demütig handeln. Doch auch dazu sind wir nicht bereit. „Siehst du", sagen wir uns, „ich bin nicht irgend so ein alter Niemand. Ich bin ein *Jemand*. Niemand kann sich mit mir vergleichen." Derartige Gedanken gehen uns durch den Kopf.

Wir bemühen uns keineswegs, unser Ego zu transzendieren und unser Einssein mit dem Höchsten zu verwirklichen, sondern sind vor allem damit beschäftigt, unser Ego und unser zwangsläufig begrenztes Einzeldasein zu stärken. Nach Definition der Schriften versteht man unter „Unwissenheit" im Grunde genommen die Vorstellung von einem „Ich" als begrenzte Individualität. Auf diesem Missverständnis basieren alle weiteren falschen Vorstellungen und Anschauungen – jegliches Bedürfnis und Verlangen, jegliches Gefühl von Bedrohung oder Angst. Wenn wir unser Selbst als getrennt empfinden, muss dieses Selbst natürlich geschützt, geliebt, gelobt und erhalten werden.

Wenn wir genauer hinschauen, wie wir mit unser Energie umgehen und was wir während eines Tages reden und tun, wird deutlich, dass sich nahezu all unsere Handlungen und Worte darum drehen, Anerkennung und Lob von anderen zu bekommen und eine „Nische" für uns selbst zu erarbeiten. Selbst mit unserer Kleidung, unserer Haarfrisur oder der Art und Weise wie wir unterschreiben, geht es uns oft nur darum, die Aufmerksamkeit und Anerkennung anderer zu gewinnen. Solltet ihr dem nicht zustimmen können, versucht doch einmal, etwas Gutes zu tun, ohne dass jemand davon erfährt und beobachtet, wie schwer es fällt, anderen davon nichts zu erzählen.

Letztlich kann nur ein wahrer Meister unser tiefes Bedürfnis nach Anerkennung auslöschen.

In dunkler Nacht gingen einmal zwei Männer von einer Party nach Hause und entschieden sich zu einer Abkürzung durch den Friedhof. Auf halbem Weg wurden sie von einem Klopfgeräusch erschreckt, das aus den Nebelschatten des Friedhofs drang. Zitternd vor Angst gingen sie dem Geräusch nach und fanden einen alten Mann mit Hammer und Meißel, der etwas auf einen Grabstein gravierte, auf dem geschrieben stand HIER LIEGT JACK BROWN.

„Oh, mein Herr", rief der eine, nachdem er Luft geholt hatte, „Sie haben uns zu Tode erschreckt. Wir dachten, Sie wären ein Geist! Was arbeiten Sie denn hier so spät in der Nacht?"

„Diese Dummköpfe", murmelte der alte Mann ohne von seiner Arbeit aufzusehen. „Sie haben vergessen ‚Doktor' auf meinen Grabstein zu schreiben!"

Das Verlangen nach Anerkennung entpuppt sich mitunter als Wunsch, berühmt zu werden. Heutzutage wünscht sich jeder, vor allem aber jüngere Menschen, nichts sehnlicher als berühmt zu werden. Im Fernsehen finden beinahe auf jedem Gebiet von Kunst oder anderen Aktivitäten Wettbewerbe statt, die dem Gewinner zu Ruhm verhelfen sollen. Beinahe jeder meint, es sei doch sehr lohnenswert, eine Berühmtheit zu werden – vielleicht sogar das wichtigste Ziel. Doch wenn wir bestimmte Vermögenswerte genauer einschätzen wollen, besteht logischerweise der erste Schritt darin, zu schauen, wer sie bereits besitzt, um dann abzuklären, in welchem Maße davon profitiert werden konnte. Wenn man dieses Prinzip auf den Ruhm überträgt, sollte man sich das Leben berühmter Menschen genauer anschauen. Sind sie aufgrund ihres Ruhmes glücklicher, friedvoller und erfüllter geworden?

Im Gegenteil: Es gibt zahllose Beispiele von Berühmtheiten, deren Leben auf dem Höhepunkt ihres Ruhms zerbrach. All diese mit Problemen belasteten Stars waren sicherlich überzeugt, Ruhm werde nur zu Glück und Zufriedenheit führen. Es ist aber eindeutig, dass äußerer Ruhm nicht zu einer wesentlichen Veränderung führt. Ein verunsicherter, deprimierter oder wütender Mensch bleibt trotz seines Ruhms derselbe.

Arjuna war einer der mächtigsten Krieger seiner Zeit. Trotzdem machte ihn die Aussicht, gegen seine eigenen Verwandten kämpfen zu müssen – und sogar gegen seinen Guru, der sich auf die Seite der Kauravas gestellt hatte – mutlos und hilflos. In einer wirklichen Krise halfen ihm all sein Ruhm und Erfolg überhaupt nicht. Allein Sri Krishnas Führung befreite ihn aus dem Sumpf seiner Unentschlossenheit und Verzweiflung.

Amma wurde vor einiger Zeit von einer bekannten Zeitschrift interviewt. Eine der Fragen lautete: „Viele Berühmtheiten der Welt haben Amma um Segen und Rat ersucht. Gewöhnliche Menschen meinen, diese Leute führten ein großartiges Leben, verdienten viel Geld und würden sich ihres großen Ruhms erfreuen. Was aber denkt Amma über das Glück dieser Menschen?"

Amma antwortete: „Sie kamen zu Amma aufgrund ihrer tiefen Selbsteinsicht. Sie haben die Begrenzungen des weltlichen Lebens begriffen und dass das Leben mehr beinhaltet als der menschliche Verstand wahrnehmen kann. Aufgrund ihrer Erfahrung haben sie begonnen, die Grenzen des weltlichen Lebens zu sehen und kommen zu Amma, um herauszufinden, wie sie inneren Frieden gewinnen können."

Kürzlich traf einer von Ammas amerikanischen Brahmacharis zufällig einen alten Freund bei einem von Ammas Veranstaltungen in den Vereinigten Staaten wieder. Während ihrer Schulzeit waren sie beste Freunde gewesen. Nach dem College war einer von ihnen in ein kleines Fischerdorf im Südwesten Indiens gegangen, um in Ammas Ashram ein Brahmachari zu werden, während der andere einer Rockband beitrat, die später weltberühmt wurde. Obwohl beide viel um die Welt gereist waren, bewegten sie sich in verschiedenen Sphären. Nachdem sie einander wiedererkannt hatten, erzählte der Brahmachari von seinen Erfahrungen im Leben bei Amma und der Rockstar sprach über Dinge, die er über die Jahre gesehen und unternommen hatte. Er erzählte, wie er vor Zehntausenden begeisterter Fans aufgetreten war und dass er nun genug Geld auf der Bank habe, um für den Rest seines Lebens in Saus und Braus zu leben. Als er von seinen Abenteuern berichtete, verlor sich allmählich der Enthusiasmus seiner Worte und es wurde deutlich, dass ein Leben des Ruhmes und des Erfolges seine Erwartungen nicht hatte erfüllen können.

Der Rockstar äußerte, dass er inzwischen nach etwas Tieferem und Bedeutenderem im Leben suche. Der Brahmachari nahm ihn daraufhin mit zum Darshan – der Rockstar war sichtlich bewegt von dieser Erfahrung. Nach wenigen Monaten tauchte er in Ammas Ashram in Indien auf und erzählte stolz, alle Drogen und Rauschmittel aufgegeben zu haben. Er brachte Amma sogar sein neuestes Album mit, um es von ihr segnen zu lassen.

Berühmte Leute sind auf einzigartige Weise prädisponiert, sich der Spiritualität zuzuwenden. Viele von uns meinen, nur dann glücklich zu sein, wenn bestimmte materielle Ziele erreicht sind. Berühmtheiten dagegen haben sozusagen das Ende des Regenbogens erreicht – und es wird ihnen bewusst, dass etwas fehlt. Glück entsteht wahrhaftig nicht dadurch, dass etwas in der äußeren Welt erreicht wird. Es ist vielmehr ein Prozess des Freiwerdens von etwas, das wir jetzt zwar besitzen, doch keineswegs benötigen. Und dieses Etwas ist das Ego oder das Gefühl von „ich" und „mein".

Ein Mann betete zu Gott: „Oh Herr, ich wünsche mir Glück." Die Antwort kam von innen: „Mein Sohn, wenn du „ich" und „wünsche" weglässt, wirst du automatisch glücklich sein."

Eine andere Abkürzung zum Glück besteht darin, unsere Handlungen mit Liebe auszuführen. Es stimmt, dass wir alle viele Verpflichtungen und Aufgaben zu bewältigen haben. Aber wir sind keineswegs dazu gezwungen, all diese Dinge widerwillig zu tun. Wir sollten uns daran erinnern, dass genau das, was wir ungern tun, manche Menschen besonders gerne tun. Auf diese Weise können wir jedes Karma oder jede Tätigkeit schätzen lernen. Wenn uns dies gelingt, bringt das Karma uns *ananda* oder Glückseligkeit, d.h. wir müssen nicht erst das Ergebnis unseres

Handelns bzw. das *Karma phalam* abwarten, um diesen Glückszustand zu erfahren.

Der größte Vorteil, das Glück im Tun selbst zu finden – ohne auf die sich daraus ergebenden Folgen zu warten – liegt darin, dass es unverzüglich eintritt. Dieses Glück kann außerdem nicht vom *prarabdha karma* (den Auswirkungen unserer vergangenen Handlungen in unserem gegenwärtigen Leben) blockiert werden. Prarabdha Karma kann zwar die Folgen unseres Handelns beeinflussen und uns hindern, unsere erstrebten Ziele zu erreichen, aber es kann uns niemals davon abhalten, das was wir tun freudig zu tun.

Ein Journalist fragte Amma einmal: „Sind Sie denn nicht traurig, dass Sie keine Zeit mehr für sich selbst haben und dass Sie beispielsweise nachts nicht mehr am Strand meditieren können?"

Amma antwortete: „Es ist immer mein Wunsch gewesen andere zu lieben, ihnen zu dienen und ihre Tränen zu trocknen. Es gibt keinen Grund, darüber nachzudenken, was ich nicht tun kann und deshalb traurig zu sein – denn ich tue das, was ich tun möchte. Das war früher so und das ist heute genauso."

Der Journalist fügte eine weitere Frage hinzu: „Am Anfang gab es von all dem hier nichts. Es begann mit einer kleinen Hütte und ein paar Menschen um Sie herum. Inzwischen sind hier so viele Gebäude, Projekte und Einrichtungen entstanden. Ihre Anwesenheit ist bei internationalen Tagungen rund um die Welt gefragt und wo immer Sie sich aufhalten, sind Sie inmitten riesiger Menschenansammlungen das Zentrum der Aufmerksamkeit. Was empfinden Sie angesichts solch radikaler Veränderungen?"

Ammas Antwort zeigt das wahre Geheimnis ihres geistigen Gleichmuts. „Die äußere Situation mag sich verändert haben, doch ich bin immer dieselbe. Was ich damals war, das bin ich auch jetzt."

Amma möchte nicht *etwas* werden. Die Essenz ihrer Größe liegt darin, dass sie weiß, dass sie alles ist und sich dennoch so verhält als wäre sie nichts. Amma erklärte einmal, wie alles aus ihrer transzendenten Perspektive aussieht: „Das gesamte Universum existiert als winzige Blase innerhalb der unermesslichen Ausdehnung meines Bewusstseins." So gewaltig ist die Ausdehnung ihrer Sichtweise und ihrer Erfahrung.

Wenn wir wirklich so demütig werden wollen wie Amma, müssen wir versuchen, das Universum so wahrzunehmen wie es wirklich ist. Das genügt, um unsere relative Bedeutungslosigkeit zu begreifen.

Es ist der Mühe wert, sich einmal ein paar grundlegende Fakten der Astronomie zu vergegenwärtigen. Man versuche zunächst, sich die Länge eines Lichtjahres vorzustellen: 9,5 Billionen Kilometer, das entspricht etwa einer Wegstrecke von 240 Millionen Erdumrundungen. Der Durchmesser unserer Galaxie, der Milchstraße, ist 100 000 Mal größer als die Länge eines Lichtjahres. Und wenn das noch nicht ausreicht, um uns völlig unbedeutend zu fühlen, möge man sich verdeutlichen, dass es nach neuesten Schätzungen etwa 125 Milliarden Galaxien wie unsere im Universum gibt. Wir aber verwenden unsere ganze Energie, um andere davon zu überzeugen, wie großartig wir sind und streiten uns darüber, ob die Grenze unseres Grundstücks fünfzehn Zentimeter auf der einen oder siebzehn Zentimeter auf der anderen Seite verläuft.

Einer von Ammas Brahmacharis erzählte mir, wie Amma ihm eine Lektion in Demut erteilte. Bald nach seiner Weihe zum Brahmachari verneigten sich Ammas Devotees vor ihm, wenn er im Ashram mit seiner neuen gelben Robe umherging und berührten seine Füße als Zeichen der Ehrerbietung. Das ging einige Tage so. Doch schon bald musste der Brahmachari verreisen, um außerhalb des Ashrams einige von Ammas Projekten zu betreuen.

Als der frisch ordinierte Brahmachari den Ashram verließ, waren seine Taschen voll bepackt mit seinen neuen Roben, doch auch sein Geist war bepackt – mit den unbewussten Erwartungen an eine königliche Behandlung während seiner Reise.

Zu seiner Überraschung behandelte ihn niemand mit besonderer Aufmerksamkeit oder Höflichkeit. An manchen Orten schien man sogar sarkastische Bemerkungen über ihn zu machen. Er kehrte nach einigen Tagen in den Ashram zurück und war aufgrund dieser Erfahrung aufgebracht und aufgewühlt. Bald nach seiner Rückkehr bot sich ihm eines Nachts die Gelegenheit, in Ammas Zimmer zu gehen. Sie erwartete gerade einen örtlichen Bürgermeister, der um eine persönliche Unterredung gebeten hatte. Obwohl der Mann nur in seinem Dorf eine gewisse Autorität war, stand Amma ehrerbietig auf, als er den Raum betrat und bot ihm einen Stuhl an. Ammas Demut berührte den Bürgermeister derart, dass er sich verneigte und sich respektvoll zu Ammas Füßen setzte.

Der junge Brahmachari war von Ammas Demut tief betroffen und merkte plötzlich, wie töricht es von ihm gewesen war, eine bevorzugte Behandlung zu erwarten. Wie konnte er etwas Besonderes von der Welt erwarten, wenn selbst seine spirituelle Meisterin – von Millionen von Menschen in der ganzen Welt als Göttliche Mutter verehrt – von niemandem etwas erwartete? Diese so schlichte Geste von Amma verhalf ihm, sich von den Fesseln seiner Erwartungen zu befreien.

Da wir uns mit Körper, Gemüt und Verstand identifizieren, bedeutet uns die Meinung anderer Menschen über uns sehr viel. Amma jedoch sagt, wir sind keine Kerzen, die von anderen angezündet werden müssen, sondern wir sind wie die strahlende Sonne, die von selbst strahlend leuchtet. Solange wir von anderen abhängig sind, bleiben wir ihnen ausgeliefert. Amma empfiehlt uns zur Lösung dieses Problems, Gottes Gegenwart in uns selbst zu suchen und nur von dieser Gegenwart abhängig zu sein – denn sie ist unser Wahres Selbst.

Auf diese Weise beginnen wir, anstatt uns um die Aufmerksamkeit anderer Menschen zu bemühen, uns um andere zu kümmern. Dann sind wir nicht länger selbstbewusst, sondern werden uns des Selbst in allen Lebewesen bewusst.

11. Kapitel

Eine neue Evolutionstheorie

*„Ein Mensch lebt eigentlich erst dann, wenn er sich über
die engen Grenzen seiner individuellen Belange hinaus
um die Anliegen der gesamten Menschheit kümmert."*

– Martin Luther King Jr.

W ir alle kennen Darwins Evolutionstheorie, die besagt, dass alle Lebewesen ihre gegenwärtigen Körperformen und Verhaltensweisen über Millionen Jahre hinweg durch natürliche Auswahl und Anpassung entwickelt haben. Die physische Evolution kennt jedoch kein Ende, keine Vollendung oder Vollkommenheit. Wahre Vollkommenheit kann nur im Innern erreicht werden.

Es sieht so aus, als hätte sich dieser Evolutionsprozess umgekehrt. Amma sagt, es gibt drei Menschentypen: *Prakriti* (natürliche Menschen), *vikriti* (widernatürliche Menschen) und *samskriti* (geläuterte Menschen). Wenn ein „Prakriti" Essen bekommt, verzehrt er das, was man ihm gibt. Ein „Vikriti" dagegen verzehrt nicht nur seinen Anteil, sondern wird versuchen, soviel Essen wie möglich den anderen noch wegzuschnappen. Ein „Samskriti" hingegen wird zuerst anderen von seinem Essen geben bevor er sich selbst etwas nimmt. Amma sagt, dass sich die Menschen von Prakriti zu Samskriti entwickeln sollten, doch leider entwickeln sich heutzutage die meisten Menschen von Prakriti zurück zu Vikriti. Es heißt, der Affe habe sich zum Menschen entwickelt.

Allerdings gewinnt man mittlerweile den Eindruck, dass die Menschen auf der Evolutionsleiter absteigen, da sie immer egoistischer und selbstbezogener werden.

Einst starb ein alter Bauer und all seine Freunde und Verwandten kamen zu seiner Beerdigung. Der Pfarrer sprach ausführlich über die guten Eigenschaften des Verstorbenen, welch ehrlicher Mann er gewesen sei, was für ein liebevoller Ehemann und gütiger Vater. Schließlich wandte sich die Witwe an eines ihrer Kinder und flüsterte: „Geh' mal hin schau in dem Sarg nach, ob wirklich dein Vater darin liegt."

In der heutigen Welt fällt es uns schwer, selbst bei uns nahestehenden Menschen an das Gute in ihnen zu glauben. Doch Amma betont stets, dass sie an das ihren Kindern innewohnende Gute glaubt. Sie hat mehr Vertrauen als wir selbst in unsere Fähigkeit, uns als menschliche Wesen weiter zu entwickeln.

Oft rechtfertigen wir unser Verhalten und die Impulse, denen wir zum Opfer fallen, mit Sätzen wie: „Das ist doch nur normal" oder „Wir sind auch nur Menschen". Amma lehrt uns, wie wir uns über unsere niedere Natur hinaus auf die Ebene unserer Ideale erheben können – und nicht umgekehrt. Sie sagt, ihr Leben sei der Beweis dafür, dass die Verwirklichung der Höchsten Wahrheit trotz unzähliger weltlicher Verpflichtungen möglich ist – selbst unter ungünstigsten Bedingungen.

Somit bedarf es einer Theorie zur Erklärung der spirituellen Evolution. Wir müssen die Prinzipien begreifen, die unsere innere Entwicklung lenken – anstatt uns darauf zu konzentrieren, wie sich die äußeren Instrumente entwickeln. Wir sollten herausfinden, auf welche Art und Weise unser Fühlen, Denken und Verstand, d.h. das Ego geläutert werden können. Das geschieht auf ganz natürliche Weise, wenn wir regelmäßig unsere spirituelle Praxis ausführen und die spirituellen Wahrheiten verinnerlichen.

Durch diesen Prozess erfassen wir schrittweise unsere wahre göttliche Natur und verankern uns immer mehr darin.

Manchmal fragen sich Menschen verwundert: „Warum verehren die Menschen Amma? Ist sie denn nicht ein Mensch wie wir alle?" Die Antwort lautet: „Ja, Amma ist menschlich". Sie ist wirklich ein Mensch, im wahrsten Sinne des Wortes. Amma besitzt in vollkommener Weise alle edlen Eigenschaften, die den Menschen vom Tier unterscheiden.

Wir können aus der momentanen Flut an Filmen über Superhelden einiges lernen. Ständig wirbt die Reklame für diese Filme. Die Menschen sehnen sich unbewusst nach etwas jenseits des Weltlichen, jenseits der Grenzen ihrer menschlichen Ebene. Wir möchten daran glauben, dass auch in uns etwas von diesem übermenschlichen Potential steckt und dass wir über unsere momentanen Grenzen hinausgehen können. Es verleiht uns ein vorübergehendes Vergnügen zu sehen, wie Superhelden fliegen, Stahl verbiegen und den Super-Bösewicht besiegen können; doch sobald der Nachspann abgelaufen ist, werden wir erneut mit der Realität unserer eigenen Begrenzungen konfrontiert.

Genau aus dieser unbewussten Sehnsucht heraus lieben wir Amma so sehr, ist sie doch schließlich eine Superheldin im richtigen Leben. Sie erweicht stählerne Herzen, fliegt um die Welt und hilft uns, die inneren Super-Bösewichte, unsere negativen Neigungen, zu besiegen, während ihr weißer Sari im Winde flattert.

Ammas vorbildliches Leben zeigt uns, wie sich menschliche Grenzen, mit denen wir uns so identifizieren, überwinden lassen und wie man ein spiritueller „Supermensch" werden kann. Hinter den Handlungen von Kino-Helden verbergen sich bisweilen versteckte Motive. Anders formuliert: So übermenschlich sie sich auch auf der körperlichen Ebene verhalten mögen, unterscheidet sich ihre mentale Verfassung doch nicht so sehr von der ganz gewöhnlicher Leute.

Hinter Ammas Handeln stehen keine versteckten Motive. Ihr Mitgefühl ist völlig bedingungslos. Sie erwartet absolut nichts für das, was sie tut. Als sie den *„James Parks Morton Interfaith Award"* 2006 in New York erhielt, sagte sie demütig: „Es ist wirklich nur der Selbstlosigkeit und der Selbstaufopferung von Millionen von Devotees rund um die Welt zu verdanken, dass ich der Gesellschaft einen gewissen Dienst anbieten konnte. Eigentlich verdienen sie diesen Preis und diese Anerkennung. Ich bin bloß ein Werkzeug."

Eines der größten Beweise für die Authentizität von Ammas Mitgefühl und Liebe ist die Tatsache, dass diese Eigenschaften sich spontan zeigten, sobald sie alt genug war, um selbst zu handeln. Damals gab es in ihrer Gegend keine spirituell weisen Menschen oder Gelegenheiten zum Satsang. Bis zu ihrem zwanzigsten Lebensjahr hielt sie sich nie weiter als 10 km von zu Hause entfernt auf. Amma handelte trotzdem immer in vollkommener Übereinstimmung mit dem Dharma. Als sie von einem Journalisten gefragt wurde, woher sie ihre Führung habe, erklärte sie schlicht, sie habe immer das getan, was ihr richtig schien: „Alles kommt aus meinem Innern. Ich bin auf das Wahre Selbst eingestimmt." Amma war nie daran interessiert, Wunder zu zeigen. Ihre bedingungslose Liebe ist jedoch das allergrößte Wunder.

Es gab einmal eine paradiesische Insel, auf der alle menschlichen Eigenschaften Gestalt angenommen hatten. Eines Tages begann der Meeresspiegel zu steigen und es war absehbar, dass die Insel überflutet werden würde. Nach und nach verließen alle Eigenschaften die Insel und nur die Liebe blieb zurück. Ohne an sich selbst zu denken wollte sie sicher gehen, dass jeder in Sicherheit gebracht worden war. Erst als alle fort waren und die Insel schon beinahe versunken war, wurde ihr bewusst, dass auch sie die Insel verlassen musste, wenn sie überleben wollte. Genau da kam Reichtum in einem großen Boot vorbei. Die Liebe fragte:

„Reichtum, darf ich auf deinem Boot mitkommen?" Reichtum schüttelte den Kopf: „Tut mir leid, aber mein Boot ist voller Silber und Gold. Es ist kein Platz für dich da."

Daraufhin bat Liebe die Eitelkeit, die gerade in einem wunderschönen Schiff vorbeikam: „Eitelkeit, bitte hilf mir!"

„Ich kann dir nicht helfen", antwortete Eitelkeit mit einem Anflug von Ekel, „du bist ganz nass und wirst mein schönes Boot besudeln."

Als nächstes sah Liebe die Traurigkeit vorbeifahren. „Traurigkeit", rief sie, „bitte nimm mich mit."

Traurigkeit antwortete: „Tut mir leid, meine Liebe – ich muss jetzt unbedingt allein sein."

Als sie Glück sah, hüpfte das Herz der Liebe voller Hoffnung. „Glück, bitte nimm mich mit." Glück jedoch war so voller Freude über seine Rettung, dass es den Ruf von Liebe nicht hörte.

Schließlich ergab sich Liebe ihrem Schicksal. Als sie im Begriff war mit der Insel unterzugehen, hörte sie eine freundliche Stimme: „Komm, Liebe, ich nehme dich mit." Liebe erkannte die Stimme nicht und merkte nur, dass es die Stimme eines Ältesten war. Dieser hieß sie auf seinem Boot willkommen und brachte sie auf das Festland. Liebe war von Dankbarkeit so überwältigt, dass sie vergaß, diesen Ältesten nach seinem Namen zu fragen. Als er Liebe in Sicherheit wusste, zog er weiter.

Sie sah ihn in der Ferne entschwinden, als Weisheit vorbeikam. „Wer war das, der mir geholfen hat?" fragte Liebe.

„Es war die Zeit", sagte Weisheit.

„Warum half mir ausgerechnet Zeit und niemand sonst?" fragte Liebe.

Weisheit lächelte verlegen und erwiderte: „Nur Zeit ist imstande, die Großartigkeit der Liebe zu verstehen."

Als Amma von einem amerikanischen Radiosender interviewt wurde, fragte der Korrespondent schließlich ungläubig und erstaunt über die Vielzahl der durch Amma ausgeführten Projekte auf der ganzen Welt: „Ist das alles, was die Welt braucht? Liebe? Eine Umarmung? Ist es so einfach?" Amma korrigierte ihn: „Liebe ist nichts Gewöhnliches. Liebe ist das, was das Leben erhält. Sie ist außergewöhnlich. Alles beruht auf Liebe. Liebe ist die Quelle."

Kapitel 12

Sehen heißt glauben: Wie Ammas Liebe Leben verändert

„Der Mensch ist ein in Zeit und Raum begrenzter Teil des Ganzen, das wir Universum nennen. Er empfindet sich selbst, seine Gedanken und Gefühle als etwas Getrenntes – als eine Art optische Täuschung seines Bewusstseins. Diese Täuschung ist wie ein Gefängnis, das uns auf unsere persönlichen Wünsche und die Zuneigung zu einigen wenigen uns nahestehenden Menschen beschränkt. Es muss unsere Aufgabe sein, uns aus diesem Gefängnis zu befreien, indem wir den Bereich unseres Mitgefühls ausdehnen und alle Lebewesen und die gesamte Natur in ihrer Schönheit einschließen."

– Albert Einstein

Vor einiger Zeit las ich ein Interview mit einem Mann, der Fremde umsonst umarmen wollte. Er hatte an einer Straßenecke ein Hinweisschild aufgestellt, doch als niemand sein Angebot annahm, ging er auf die Leute zu und bot ihnen seine kostenlose Umarmung an. Die meisten Leute, auf die er zuging, wandten sich ab und wechselten rasch die Richtung. Viele Frauen fühlten sich beleidigt und dachten, er wolle ihnen zu nahe treten. Von tausend Leuten, denen er seine Umarmung anbot, gingen nur ein oder zwei auf sein Angebot ein. War das denn nicht vorhersehbar? Wer ist schließlich so verrückt, sich von einem Fremden umarmen zu lassen?

Und doch geschieht um Amma eine ähnliche Szene, wenn auch mit völlig anderem Ergebnis. Ich erinnere mich an eine Situation mit Amma in einem Flughafen. Wir befanden uns auf dem Weg von einem Programm zum nächsten. Sie gab einigen Menschen, die das letzte Programm organisiert und Amma zum Flughafen begleitet hatten, Darshan. Ein Beobachter – ein Geschäftsmann, der nichts mit der Gruppe zu tun hatte, schaute auf das Geschehen mit sichtlichem Widerwillen. Anfangs blickte er nur von Zeit zu Zeit über den Rand seiner Zeitung. Als die Menschenmenge um Amma jedoch immer größer wurde und sich weitere Geschäftsleute, Flughafenpersonal und sogar Flughafen- polizisten in die Schlange einreihten und auf Ammas Umarmung warteten, ließ er seine Zeitung sinken. Und schließlich reihte er sich ebenfalls in die Schlange ein.

Als Amma und die meisten der mit ihr Reisenden kurz danach an Bord des Flugzeugs gegangen waren, warf ich einen Blick zurück und sah den Geschäftsmann wieder alleine sitzen. Seine Zeitung hatte er nicht wieder aufgenommen; er schaute mit Tränen in den Augen durchs Fenster auf das Flugzeug, in das Amma gerade gestiegen war.

Worin liegt nun der Unterschied? Warum hatte der Mann an der Straßenecke so wenig Erfolg – während niemand Amma widerstehen kann, wenn sie anbietet, was scheinbar dasselbe ist? Der Unterschied liegt in der Qualität des Angebots. Ammas Umarmung ist eben nicht nur eine Umarmung; sie sagt: "Wenn Amma jemanden umarmt, ist das mehr als körperlicher Kontakt. Die Liebe, die Amma für die gesamte Schöpfung empfindet, fließt über auf jeden Menschen, den sie umarmt. Diese reine

Schwingung der Liebe läutert die Menschen und lässt sie innerlich erwachen und spirituell wachsen."

Während eines sehr gut besuchten Darshans kam ein kleines Mädchen, das zum ersten Mal zu Amma kam, seitlich auf Amma zu und hielt ein Stück Papier in ihren Händen. Sie wollte Amma unbedingt ihre Zeichnung zeigen, doch Amma gab so schnell Darshan, dass der Eindruck entstand, Amma habe nicht einmal für einen kurzen Blick auf die Zeichnung des Mädchens Zeit. Doch inmitten des lebhaften Geschehens schaute Amma aus einem Augenwinkel auf das kleine Mädchen und wandte sich im nächsten freien Moment dem Kind zu, um ihm zu sagen: "Oh, zeige mir bitte deine Zeichnung!" Das kleine Mädchen war im Himmel! Sie breitete ihr Meisterwerk vor Amma aus, die sich sehr beeindruckt zeigte.

Diejenigen, die in Ammas Nähe standen, waren sich nicht ganz schlüssig, was das abstrakte Bild wohl darstellen sollte. Es hatte etwas von einem Seehund-Elefanten, der Schneeschuhe trug.

Amma lobte die Leistung des Mädchens. Um ihr zu zeigen, wie man zeichnet, nahm sie ein Stück Papier, legte es auf den Rücken des Devotees, den sie gerade in ihrem Schoß hielt, zeichnete eine Blume und erklärte dem Kind: "Siehst du, so zeichnet man eine Blume. Versuch` du es jetzt." Das kleine Mädchen versenkte sich sofort in seine Aufgabe und zeichnete rasch auf seine Weise eine Blume. "Oh, *sehr* gut", bemerkte Amma liebevoll. Und nun zeigte ihr Amma – so als habe sie alle Zeit der Welt – wie man eine andere Blume zeichnen kann und dann einen Baum, einen Vogel und noch manch andere Dinge, und das alles während des Darshans. Sie überschüttete dieses kleine Mädchen mit Liebe und Zuwendung. Später erfuhren wir, dass das Kind Legasthenikerin war und in der Schule Lernschwierigkeiten hatte. Amma wusste das offensichtlich. Ihre Hinwendung zu dem kleinen Mädchen hatte anscheinend eine tiefe Auswirkung: Es hat seitdem nicht mehr mit Lernschwierigkeiten in der Schule zu kämpfen und kann mit den anderen Kindern mithalten. Dieses kleine Mädchen konnte aufgrund einer einzigen Begegnung mit Amma die Welt in völlig neuem Licht sehen.

Ein ähnliches Beispiel ist die Geschichte eines Mannes aus Seattle. Als er das erste Mal zu Ammas Programm kam, das in einem ganz anderen Stadtteil lag, nahm er einen Bus. Der Mann hatte Multiple Sklerose (MS) und ging immer mit einem Stock. Bei dieser ersten Begegnung mit Amma war er arbeitslos und lebte abwechselnd auf der Straße oder in Sozialhilfewohnungen, da er nur über eine geringe Invalidenrente verfügte. Seine Armut war aber nicht nur materieller Art, sondern auch ein Mangel an Vertrauen. Es plagten ihn aufgrund seiner Lebensumstände Gefühle von Hilflosigkeit und vollkommener Resignation. Er blieb an diesem ersten Abend noch zu Ammas Satsang und den Bhajans und ging danach glücklich über dieses Erlebnis nach Hause – obwohl er nicht Ammas Darshan empfangen hatte.

Auf seinem Heimweg fühlte er sich so energiegeladen, dass er – da der Bus laut Fahrplan erst viel später kommen würde – sich entschied bis zur nächsten Haltestelle zu laufen. Dort angekommen, dachte er: "Ach, es ist immer noch Zeit, warum nicht zur nächsten Haltestelle laufen?" Das setzte er so fort und auf diese Weise war er schneller zu Hause als mit dem Bus.

Man könnte das einfach einem Adrenalinschub zuschreiben, doch der Impuls dieser Nacht verlor sich nicht mehr. Nach und nach war der Mann immer weniger auf seinen Stock angewiesen, da ihn seine MS längst nicht mehr so belastete. Diese rasche Verbesserung seines Gesundheitszustandes war nur der kleinere Teil seiner Transformation, die sich nach seiner Begegnung mit Amma immer deutlicher entfaltete. Nur wenige Monate nach dieser ersten Begegnung fühlte er den Impuls, sich in dem Wohnprojekt, in dem er lebte, für eine Stelle zu bewerben.

Er wurde Sozialarbeiter und kümmerte sich um die Leute der Gemeinschaft. Wenige Monate nach Übernahme dieser Aufgabe übernahm er die Leitung dieses Zentrums, nach weiteren zwei Jahren wurde er leitender Direktor eines Nothilfezentrums, das zu den größten Verpflegungseinrichtungen in Seattle gehört. Einige Jahre später hatte er sich für eine Stelle bei der Stadt qualifiziert, wo er inzwischen Direktor der städtischen Hausverwaltung für Obdachlosenunterkünfte ist. In seinem Büro auf dem 60. Stockwerk, mit Blick auf die Stadt, hängt ein Bild von Amma und liegt die Kopie einer Rede von Amma aus, die jeder einsehen kann. Amma hatte ihn bei seinem ersten Besuch nicht einmal physisch berührt, doch offensichtlich hatte sich sein Leben allein dadurch, dass er in Ammas Gegenwart gewesen war, völlig verwandelt. Amma hat so viel Vertrauen in uns, dass wir einfach an uns selbst glauben müssen.

Ein Brahmachari fuhr mit dem Bus an einen Ort, um dort ein Programm zu leiten. Sein Nebenmann fragte ihn, welchem Ashram er angehöre und wohin er fahre. Der Brahmachari unterhielt sich freundlich mit ihm. Beim Aussteigen gab ihm sein Nebenmann seine Telefonnummer und bat ihn, ihn zu besuchen, wenn er wieder durch die Stadt käme.

Nach einigen Monaten fuhr dieser Brahmachari wieder durch diese Stadt. Plötzlich erinnerte er sich an diesen Mann und verspürte den starken Wunsch ihn anzurufen. Der Mann lud ihn am Telefon zu einem Besuch ein und sagte, er würde ihn an der Bushaltestelle abholen. Somit stieg der Brahmachari bei der nächsten Haltestelle aus und war kurz darauf im Auto dieses Mannes. Beim Starten des Autos stellte der Brahmachari schockiert fest, dass der Mann betrunken war. Bevor er sich aber lange besinnen konnte, hielt das Auto bereits vor dem Haus des Mannes. Dieser stieg aus, öffnete dem Brahmachari die Türe und bat ihn herein.

An der Türschwelle wurde er von der Ehefrau und der Mutter des Mannes begrüßt – beide Frauen weinten. Die Ehefrau erzählte dem Brahmachari, ihr Mann habe sich zuvor mit seiner Mutter gestritten und als sie versuchte zu intervenieren, habe er nach einem Messer gegriffen, um sie anzugreifen. Genau in diesem Augenblick habe das Telefon geklingelt. Als ihr Mann die Stimme des Brahmacharis hörte, sei er wieder zu Sinnen gekommen, habe das Messer sinken lassen und das Haus verlassen, um den Brahmachari abzuholen. Wäre der Anruf einen Moment später gekommen, hätte ihr Mann sie töten können.

Nach dem Besuch des Brahmacharis verwandelte sich der Charakter des Mannes völlig. Er brachte seine Mutter und seine Frau zu Amma und gestand ihr all sein Fehlverhalten. Amma ermahnte ihn: "Vergeude dein Leben nicht, mein Sohn." Der Mann nahm sich ihre Worte zu Herzen. Seit jenem Tag hat er keinen Tropfen Alkohol mehr angerührt und kümmert sich treu um seine Frau und um seine Mutter.

Ammas Liebe vermag in die dunkelsten und geheimsten Winkel des menschlichen Herzens zu dringen. Selbst Strafgefangene verwandeln sich, wenn sie von Amma und ihrer bedingungslosen Liebe hören.

Einer dieser jungen Männer erzählte, dass er einer Gang angehörte, Drogen genommen und verkauft habe und vom Mitglied einer rivalisierenden Gang angeschossen worden sei. Damals entdeckte er Ammas Foto in einer Zeitschrift und beschloss, ihr Programm zu besuchen. Er beobachtete Amma die ganze Nacht über – ohne zum Darshan zu gehen. Er fühlte sich von Ammas selbstloser, bedingungsloser Liebe wie gebannt und ihre Worte über ein Leben, das dem Dienst an den Menschen gewidmet ist, wirkten ermutigend und inspirierend auf ihn.

Trotzdem bedrückte ihn seine Vergangenheit weiterhin und es gelang ihm nicht völlig, sein Suchtverhalten zu überwinden, was dazu führte, dass er als Obdachloser auf der Straße landete. Obwohl er wusste, dass ein Leben in liebevollem Dienst am Nächsten möglich war, fühlte er sich dazu nicht in der Lage und meinte, es sei besser zu sterben. Genau zu dieser Zeit wurde er festgenommen und ins Gefängnis gebracht. Nach einigen Wochen erinnerte er sich plötzlich an Amma und wie er sich in ihrer Gegenwart gefühlt hatte und dass sie ihn trotz seiner Vergangenheit und all seiner Vergehen immer als ihren eigenen Sohn lieben würde. Er vergoss Freudentränen. Obwohl er inhaftiert war, fühlte er sich zum ersten Mal in seinem Leben wie ein freier Mann.

Danach erzählte er mehr als 70 Mitgefangenen von dieser Fülle an Liebe, die er in Ammas Gegenwart empfunden habe. Er schrieb an Ammas Ashram in Kalifornien und bekam ein Paket mit Ammas Büchern und Fotos und ein ermutigendes Begleitschreiben von Ashrambewohnern. Er las die Bücher, gab sie weiter und hing die Fotos in seiner Zelle auf.

Bald darauf kam ihm die Idee, ein Erntedankfestessen als Dienst an seinen Mitgefangenen zu organisieren. Einer der Gefängniswärter sagte zu ihm, dass er so etwas noch nie im Gefängnis erlebt hätte – und einige seiner Mitgefangenen bekannten, sie hätten an diesem Tag vergessen, dass sie im Gefängnis waren.

Bald darauf wurde der Mann entlassen. Jetzt kümmert er sich um hoffnungslose und hilflose Menschen. Mit Unterstützung von Ammas gemeinnütziger amerikanischer Organisation konnte er ein Gefangenen-Hilfsprogramm in die Wege leiten, das Inhaftierten im ganzen Land Ammas Botschaft vermittelt und den Gefangenen Ammas Bücher zur Verfügung stellt. Außerdem wird ihnen die Teilnahme an einem Briefaustauschprogramm ermöglicht, um in Kontakt mit liebevollen Devotees zu sein. Jedes Jahr bringt er eine Gruppe von Obdachlosen und ehemaligen

Drogenabhängigen zu Ammas Darshan. Dort erhalten sie ein warmes Essen und Ammas verwandelnde Umarmung.

In der *Guru Gita* heißt es:

> *ajñāna timirāndhasya jñānāñjana śalākayā*
> *cakṣurun mīlitam yena tasmai śrī gurave namaḥ*

> Lobpreis dem Guru, er öffnet die Augen dem, der blind ist vom grauen Star der Unwissenheit – mit einer von der Heilsalbe des Wissens getränkten Nadel.

Die Worte eines verwirklichten Meisters sind von besonderer Kraft und öffnen uns die Augen für unser eigenes Potential. Zur Illustration nun die Geschichte eines anderen Gefangen: Als dieser 1996 inhaftiert und zu 10 Jahren Gefängnis verurteilt worden war, wurde sein kriminelles Verhalten noch schlimmer. Er griff einen Gefängniswärter an und wurde zusätzlich zu drei Jahren Einzelhaft verurteilt. Während dieser Haftzeit durfte er täglich nur eine Stunde seine Zelle verlassen. Nach drei Monaten Isolationshaft fragte er sich: "Wie konnte ich so enden?" Ihm wurde bewusst, dass er etwas ändern müsse, ohne zu wissen wie. Am andern Tag kam ein Gefängniswärter mit Büchern auf einem Wagen vorbei und fragte den Gefangenen, ob er etwas lesen wolle. Er entdeckte eines von Ammas Büchern und griff danach, da er sich von ihrem Bild angezogen fühlte. Als der Inhaftierte nun Ammas Worte über die unbeständige Natur des Geistes las und dass Menschen, wenn sie emotional am Tiefpunkt angelangt sind, zu falschen Entschlüssen neigen – hatte er das Gefühl, Amma beschreibe hier sein bisheriges Leben. Er begann nach Ammas Anweisungen zu meditieren, wurde sich seiner Gefühle bewusster und konnte bessere Entscheidungen treffen. Schließlich bemerkte er, dass er nichts Negatives mehr sagte oder tat, wenn er ärgerlich wurde und er ganz bewusst entscheiden konnte, nichts zu tun, was er später bereuen würde.

Er sagt, dies sei der erste Schritt gewesen, um sein Verhalten, das er früher einfach als Teil seiner Persönlichkeit empfunden hatte, besser zu kontrollieren. Inzwischen studiert er mit großem Erfolg an einem College Technische Physik. Er sagt, dass er alles, was er erreicht hat, Amma und ihrer göttlichen Weisheit und Liebe verdankt.

Amma hat auch in Indien verlorene Seelen retten und selbst die hartherzigsten Menschen verwandeln können. Dazu fällt mir die Geschichte eines Mannes ein, der später ein Anhänger wurde. Seine Vergangenheit war mehr als chaotisch. Als Junge wurde er in der Schule oft schikaniert. Eines Tages schlug er voller Rache zurück, was ihm den Respekt selbst der brutalsten und gemeinsten Kinder eintrug und jeder fürchtete ihn seitdem. Niemand wagte es mehr, ihn zu verspotten oder anzufassen. An jenem Tag lernte er, dass Gewalt ihm Sicherheit und Macht gab. Diese Lektion vergaß er nicht mehr und so wurde er schon als junger Mann zu einem bezahlten Schläger, der sich bei Geldverleihern als Schuldeneintreiber verdingte. Das ging soweit, dass allein sein Name nackte Furcht bei den betroffenen Schuldnern seiner Arbeitgeber auslöste.

Eines Tages ging seine Frau zu Amma. Berührt von Ammas Leben, ihrer Botschaft und ihrem liebevollem Verhalten, wurde sie Anhängerin und besuchte den Ashram so oft wie möglich. Sie brachte Fotos von Amma mit nach Hause und hing sie im Pujaraum auf. Je näher sie sich Amma im Laufe der Zeit fühlte, desto mehr quälten sie der Alkoholkonsum und die brutale Lebensweise ihres Mannes. Sie lud ihren Mann immer wieder ein zu Amma mitzukommen, doch er zeigte nie Interesse. Als sie ihn schließlich aufforderte, auf Ammas Foto zu schwören, sein Trinken und seine kriminelle Lebensweise aufzugeben, entsprach er ohne Zögern ihrem Wunsch, da er sie nicht unglücklich machen wollte – allerdings keineswegs mit der Absicht, seinen Lebensstil zu ändern, sondern nur, um seine Frau zu beruhigen. Und deshalb machte er so weiter wie bisher. Als seine Frau ihn das nächste Mal aufforderte zu Amma mitzukommen, willigte er ein – aus welchem Grund auch immer.

Seine Frau sah Amma das erste Mal seit dem Schwur ihres Mannes wieder, weshalb sie Amma noch nichts davon hatte erzählen können. Als ihr Mann vor Amma kniete, ermahnte Amma ihn freundlich: "He, mein Sohn, wie kannst du es wagen, ein Versprechen zu brechen?" Obwohl sie das wie beiläufig sagte, war der Mann von diesen Worten wie vom Blitz getroffen: Amma wusste von seinem Versprechen und wusste somit alles, was er gesagt und getan hatte. Doch sie sah wohl auch genügend gute Seiten in ihm, um ihn zu umarmen und herzlich zu ihm als ihrem lieben Sohn zu sprechen. Von diesem Moment an setzte der Mann sein Versprechen um und wurde fortan zu einem der glühendsten Anhänger Ammas in seiner Region. Und zusätzlich hat er sich Ammas Botschaft zu Herzen genommen und stiftet einen Teil seines Gehaltes – aus seinem neuen, legalen Arbeitsverhältnis – zur Anschaffung von Büchern und Schuluniformen für mittellose Schüler.

Amma sagt: "Selbst eine defekte Uhr zeigt zweimal täglich die richtige Zeit an." Mit ihrer unnachgiebigen, unendlich geduldigen Einstellung "repariert" sie defekte Menschen und gibt sie – wenn sie wieder heil sind – der Welt als Prasad zurück. Amma findet in finstersten Herzen einen letzten Funken an Güte und entfacht daraus ein Feuer der Liebe, des Mitgefühls und der Hingabe an wohltätiges Handeln – sei es spontan oder geplant.

Aufgrund von Ammas Liebe sehen viele Menschen rund um den Erdball sich selbst, ihr Potential, ihre Gesellschaft und die Welt mit verändertem Blick; und das beschränkt sich nicht nur auf diejenigen, die Amma physisch umarmt hat. Viele Menschen in der ganzen Welt könnten es sich nicht leisten, Amma persönlich zu sehen oder sie wohnen nicht in der Nähe der Orte, an denen Ammas Veranstaltungen während ihrer Rundreisen stattfinden. Sie hören aber von ihrem Werk und wollen ihren Teil dazu beitragen, was auch immer es sein mag.

Amma sagt: "Man erreicht Vollkommenheit, wenn Wissen sich mit Liebe verbindet. Mögen die Herzen meiner Kinder erfüllt sein von wahrem Wissen und Liebe – und mögen meine Kinder zum Licht der ganzen Welt werden."

13. Kapitel

Die Komfortzone verlassen

„Das einzige, worum Gott dich inständig
bittet ist: aus dir selbst herauszugehen – und
Gott als Gott in dir zuzulassen."

– Meister Eckhart

Amma erzählt die folgende Geschichte: Einem General fiel auf, dass ein zunächst vielversprechender junger Hauptmann besorgniserregende Trinkgewohnheiten angenommen hatte. Er rief den betrunkenen Hauptmann in sein Büro und tadelte ihn: „Sie sind ein rechtschaffener Mann, aber Sie ruinieren sich selbst. Wenn Sie nüchtern bleiben, werden Sie bald zum Oberst befördert werden."

Der Hauptmann erwiderte lachend: „Das lohnt sich nicht. Bleibe ich nüchtern, kann ich lediglich Oberst werden, wenn ich aber betrunken bin, dann bin ich bereits General!"

Amma sagt oft: „Es ist leicht jemanden zu wecken, der schläft. Es ist jedoch schwierig, denjenigen zu wecken, der sich schlafend stellt." Insgeheim sind wir uns durchaus bewusst, dass unser Lebenswandel und unsere Entscheidungen nicht immer im Einklang mit unseren spirituellen Zielen sind.

Amma leitet ihre Kinder oft zu folgendem Gebet an:

„Oh Herr, mögen alle meine Gedanken nur Dir gelten.
Mögen alle meine Worte ein Lobpreis für dich sein.
Möge ich alle meine Handlungen deinen Lotusfüßen

darbringen.
Mögen alle meine Schritte mich Dir näher bringen."

Wir sollten prüfen, ob unser Tun und Lassen wirklich im Einklang mit diesem Gebet steht. Es macht schließlich wenig Sinn zu beten, jeder einzelne Schritt möge uns Gott näher bringen, wenn wir anschließend in die entgegengesetzte Richtung eilen. Ein Mann stand still am Bett seines sterbenden Vaters, der ihm zuflüsterte: „Bitte, mein Junge, sei dir stets dessen bewusst, dass aus Reichtum kein Glück erwächst."

„Ich bin mir dessen bewusst, Papa", antwortete sein Sohn, „aber zumindest erlaubt er mir, ein Elend zu wählen, das doch sehr angenehm ist."

Ähnlich richten auch wir uns gerne in dem kleineren Übel ein. Wir treffen Entscheidungen, die unserem spirituellen Ziel zuwiderlaufen, um unsere Bequemlichkeit nicht aufzugeben. Zur Erreichung unseres spirituellen Lebensziels muss jedoch unsere Vorstellung von dem, was wir sind, entweder solche Dimensionen annehmen, dass sie das ganze Universum umfasst – oder wir müssen uns selbst vollkommen vergessen. Beides setzt voraus, dass wir den behaglichen Bereich hinter uns lassen und Dinge tun, die uns nicht gefallen und bereit sind, die Bedürfnisse und Wünsche anderer Menschen über unsere eigenen zu stellen. Glücklicherweise ist Amma Expertin darin, uns an der Hand zu nehmen und behutsam aus dem Gefängnis unserer „Komfortzone" über die Grenzen persönlicher Vorlieben und Abneigungen hinauszugeleiten.

Während einer Nordindientour mit Amma hielt die Reise-Gruppe zum Mittagessen am Straßenrand an. Amma servierte jedem einen Teller mit Reis, Tapioka-Curry und Sambar. Als alle nach dem Gebet begonnen hatten zu essen, bemerkte Amma, dass ein in der Nähe sitzender Brahmachari noch nichts aß, sondern etwas ratlos auf seinen Teller blickte. Tapioka war nicht seine

Lieblingsspeise. "He, iss etwas", ermahnte Amma ihn. Sich in sein Schicksal ergebend, begann er widerwillig zu essen. Plötzlich beugte Amma sich vor und füllte sich eine große Portion seines Tapioka-Curry auf ihren eigenen Teller. Dem Brahmachari war es peinlich, Amma zuzuschauen, denn nach indischer Tradition ist es respektlos, jemand anderen von seinem halbvollen Teller essen zu lassen – ganz zu schweigen den Guru. Amma störte das jedoch überhaupt nicht.

Als sie gegessen hatte, rief sie: "Ich habe seinen Curry genommen. Jemand soll ihm noch etwas geben."

Daraufhin brachte ihm einer der Brahmacharis, die Essen austeilten, etwas Curry und so begann er erneut pflichtbewusst zu essen. Beim Essen geschah etwas Seltsames – ihm wurde bewusst, dass Amma diesen Curry, den sie sich von seinem Teller genommen hatte, wohl sehr gerne mochte. Warum also sollte er ihn nicht auch mögen? Während er darüber nachdachte, spürte er, dass er gar keinen Widerwillen mehr empfand. Wenn es künftig Tapioka-Reis gab, erinnerte er sich stets an Amma und entwickelte allmählich eine Vorliebe dafür. Inzwischen erbittet er immer einen Nachschlag, wenn Tapioka serviert wird.

Viele von uns sind nicht sehr erpicht auf selbstloses Dienen oder regelmäßige spirituelle Übungen. Wenn wir aber sehen, mit welcher Begeisterung und Ernsthaftigkeit Amma diesen Dingen nachgeht, möchten wir unbedingt in ihre Fußstapfen treten.

In der Anfangsphase des spirituellen Lebens ist mit einigen Stolpersteinen zu rechnen. Die Verbindung mit einem spirituellen Meister bzw. Meisterin ist oft mit großen Erwartungen an die Führung verknüpft. Wenn die Meisterin beginnt, uns Vorschläge zu machen, ist uns mitunter nicht recht, was sie uns zu sagen hat. Es ist nun einmal Aufgabe aller Meister uns darin beizustehen, unsere Neigungen und Abneigungen zu überwinden. Wir sollten uns darüber klar sein, wenn wir Führung und Anweisungen vom

Meister empfangen. Der Meister oder die Meisterin sagt uns selbstverständlich Dinge, die wir nicht hören wollen und fordert uns auf, Dinge zu tun, die wir nur ungern tun. Darauf sollten wir vorbereitet und uns bewusst sein, dass dies zu unserem Besten geschieht – es verhilft uns nämlich dazu, unsere Vorstellung von dem, was wir sind und was wir vermögen zu erweitern.

Wir hatten in unseren Anfangsjahren mit Amma keine Ahnung von Spiritualität. Wir waren einfach nur fasziniert und inspiriert von Ammas bedingungsloser mütterlicher Liebe. Amma war zunächst sehr nachsichtig mit uns, so wie eine Mutter mit ihren Kindern. Nach einer Weile allerdings kündigte Amma an, sie werde einige Regeln für unser spirituelles Wachstum aufstellen, mit der Bemerkung: "Ein junger Setzling muss geschützt werden, damit er nicht von herumstreunenden Tieren gefressen oder von unachtsamen Passanten zertreten wird. Wenn aus ihm später ein Baum geworden ist, kann man sogar einen Elefanten daran festbinden – so stark ist er dann. Ähnlich sollte ein spiritueller Aspirant sich in seiner Anfangsphase eng an die traditionellen Vorschriften des spirituellen Lebens halten."

Zu den neuen Regeln jener Zeit gehörte das Verbot von Kaffee und Tee, was Amma damit begründete: "Wenn wir nicht einmal einen kleinen Bach überqueren können (das Aufgeben unserer Angewohnheit Kaffee zu trinken) – wie können wir dann erwarten, den Ozean des *samsara* (Kreislauf von Geburt und Tod) zu überqueren?"

Einem Brahmachari gelang es jedoch anfangs nicht, das Kaffeetrinken aufzugeben. Er machte sich heimlich eine Tasse Kaffee und trank ihn in seinem Zimmer. Eines Tages bereitete er eine zweite Tasse für einen anderen Brahmachari. Als dieser die Tasse ausgetrunken hatte, bekam er solche Gewissensbisse, dass er zu Amma ging und ihr seinen Rückfall gestand. Amma rief den ersten Brahmachari und warf ihm mit lauter Stimme

vor, er habe einen schlechten Einfluss auf den anderen, der erst
vor kurzem in den Ashram eingetreten war. Als nachmittags
einige von uns in der Küche saßen, platzte der erste Brahmachari
herein und erklärte wütend: „Ab sofort teile ich meinen Kaffee
mit niemandem mehr!"

Wie in diesem Beispiel kann man eine Anweisung des Gurus
falsch auslegen, nur um das eigene Verhalten nicht ändern zu
müssen.

Zur Veranschaulichung erzählt Amma das folgende Gleich-
nis. Ein Mann machte sich auf die Suche nach einem Meister.
Er wünschte sich einen Guru, der ihn völlig nach seinen eigenen
Vorstellungen führen sollte. Doch kein Guru fand sich dazu
bereit und seinerseits akzeptierte er nicht die Vorschriften der
Gurus. Schließlich legte der Mann sich ermattet auf eine Wiese
und dachte nach: „Es gibt also keinen Guru, der mich so führen
will, wie ich es möchte. Ich lehne es ab, irgendjemandes Sklave
zu werden! Was immer ich tue – hat nicht Gott mich dazu veran-
lasst?" Er wandte seinen Kopf zur Seite und sah in der Nähe ein
Kamel stehen, das mit dem Kopf nickte. "Holla, da ist jemand
bereit, mein Meister zu sein", dachte er. "Kamel, möchtest du
mein Meister sein?" fragte er. Das Kamel nickte mit dem Kopf.

Und damit nahm der Mann das Kamel als seinen spirituellen
Meister an. "Oh, Meister, kann ich dich mit nach Hause nehmen?" fragte er weiter. Das Kamel nickte wiederum. Er führte
das Kamel nach Hause und band es an einen Baum. So vergingen
einige Tage, dann fragte er: "Oh, Meister, ich bin in ein junges
Mädchen verliebt. Soll ich sie heiraten?" Das Kamel nickte.

Nach einiger Zeit dann: "Oh, Meister, ich habe keine Kinder."
Das Kamel nickte – und Kinder wurden geboren. Eines Tages
fragte er: "Darf ich ein wenig Alkohol mit meinen Freunden
trinken?"

Das Kamel nickte und der Bursche wurde bald zum Trunkenbold und begann mit seiner Frau zu streiten. "Oh Meister, meine Frau nervt mich. Darf ich sie schlagen?" fragte er das Kamel. Das Kamel nickte. Er ging nach Hause und schlug seine Frau – bis die Polizei kam, die auf den Tumult aufmerksam geworden war und ihn festnahm.

Amma sagt: "Der Guru ist wie ein Arzt, der seinen Patienten nicht einschlafen lässt, wenn er von einer Schlange gebissen wurde. Ein Zuschauer mag die Methode des Arztes für grausam halten und ihn ermahnen, dem Patienten doch etwas Ruhe zu gönnen. Der Arzt aber weiß, dass der Patient sterben könnte, wenn er ihn einschlafen ließe." Deshalb fügt Amma hinzu: "Wenn du einen Guru triffst, der dich machen lässt, was du willst oder wenn du einfach so lebst, wie es dir gefällt, wirst du weiterhin in Fesseln leben."

Vor einiger Zeit erzählte mir einer von Ammas Anhängern, er habe einem Freund bedauernd von Unstimmigkeiten in seiner Satsang-Gruppe berichtet. Nachdem ihm der Freund, der einen anderen spirituellen Weg ging, eine Weile zugehört hatte, unterbrach er ihn: "Weißt du, in meiner Gruppe gibt es dieselben Probleme. In deinem Fall aber musst du dir keine Sorgen machen."

"Warum nicht?" fragte Ammas Anhänger.

"Weil eure Lehrerin vollkommen ist; sie ist ohne Zweifel eine vollendete Meisterin. Was auch immer in eurer Satsanggruppe geschieht, dient letztlich eurem spirituellen Wachstum."

"Moment mal", protestierte der Mann. "Ich erinnere mich, dass du zum Programm gekommen bist, als Amma das erste Mal in unsere Stadt kam – danach aber nie wieder."

"Das stimmt", gab sein Freund zu. "Ich kam herein und sah Amma vorne in der Halle sitzen und Darshan geben. Als mein Blick auf sie fiel, wurde mir sofort bewusst, dass sie das Wahre ist. Da drehte ich mich um und ging schnurstracks hinaus."

"Warum denn?" fragte der Devotee.

"Weil mir klar war, dass das Arbeit bedeuten würde", erläuterte ihm sein Freund. "Mir wurde bewusst, dass ich früher oder später meine Bequemlichkeit aufgeben und mich wirklich ändern müsste, wenn ich bei Amma bliebe."

Dies betrifft uns alle. Wir kommen zu einer wahren Meisterin wie Amma nicht etwa, um unsere Probleme oder die Probleme der Welt zu vergessen – dafür könnten wir einfach ins Kino gehen oder Drogen nehmen. Wirklich erforderlich ist nicht weniger Bewusstheit, sondern mehr. Amma bewirkt, dass wir uns sowohl unserer Innenwelt als auch unserer Umwelt bewusster werden. Ammas Aussage nach ist unser erster Impuls, das Programm zu wechseln, wenn wir im Fernsehen Menschen auf der Erde leiden sehen; wir sollen aber die Augen nicht vor dem Leiden der anderen verschließen. Da es so viele Probleme auf Erden gibt, möchte Amma, dass ihre Kinder sich an der Lösung der Probleme beteiligen. Sie ermutigt uns deshalb, weniger Geld für Luxusgüter auszugeben und täglich eine halbe Stunde länger zu arbeiten, um Geld für die Armen zu erübrigen. Außerdem weist sie darauf hin, dass es eine Form von Gewalt ist, Nahrung zu verschwenden.

Solche Anweisungen sind nicht einfach zu befolgen und dem schwächsten, bequemsten und egoistischsten Teil in uns passt es nicht, was Amma da sagt. Wie viel besser wäre es um die Welt bestellt, wenn wir uns Ammas Empfehlungen zu Herzen nähmen und sie aufrichtig befolgen würden! Wie viel glücklicher wäre unser eigenes Leben!

Es lassen sich nicht alle Vorfälle um Amma in einer einzigen Geschichte erzählen – gibt es doch tatsächlich so viele Geschichten wie es Devotees gibt, denn jeder macht andere Erfahrungen und trägt für immer besondere Perlen der Erinnerung in sich.

Ein Brahmachari erzählte seine Version der Geschichte, als Amma auf dem Ashramdach in Madurai Unniyappam zubereitete: Während Amma den Teig in das kochende Öl goss und probierte, ob die Süßspeise gar war, sagte sie lachend: "Die sind erst halb gar – wie einige meiner Kinder." Ein Brahmachari, der in ihrer Nähe saß, dachte bei sich. "Ja genau, im Gegensatz zu mir sind viele hier nicht wirklich bereit für Ammas Lehren ...und vor allem sind sie nicht wirklich dem Guru ergeben."

Kurz darauf verteilte Amma als Prasad zwei Unniyappam an die Anwesenden. Gemäß der Tradition soll ein Schüler immer annehmen, was der Guru ihm als Prasad anbietet. Dieser Brahmachari nun hatte vor kurzem unter Magenschmerzen und Übelkeit gelitten und der Arzt hatte ihm geraten, eine Weile nichts Frittiertes zu essen. Weil ihm das nun einfiel, streckte er seine Hand nicht nach Ammas Prasad aus. Als Amma dann sagte, wer noch kein Prasad bekommen habe, solle die Hand heben, blickte sie ihn an mit der Bitte, dies ins Englische zu übersetzen. Das tat er, hob aber auch jetzt nicht die Hand, aufgrund des Rates seines Arztes. Als Amma jedem Prasad gegeben hatte, beugte er sich vor und erzählte Amma von seinem Gesundheitszustand. Mit großer Warmherzigkeit rief Amma aus: "Oh mein Sohn, dir geht es nicht gut? Iss diese." Und dabei legte sie ihm schelmisch lächelnd und ganz sanft zwei Unniyappam in die Hände und faltete seine Finger darüber. Als Amma aufstand und wegging, wurde dem Bahmachari bewusst, dass Amma ihn wegen seines Widerstandes gegen ihr Prasad geneckt hatte – um ihn spüren zu lassen, dass auch er nur "halbgar" war.

Amma bringt uns in unserem eigenen Leben – wie in dieser Szene – in Situationen, in denen wir uns unserer Schattenseiten bewusst werden können, um über sie hinauszuwachsen. Sie zwingt uns jedoch zu nichts.

Ein Brahmachari erzählte mir eine Geschichte, die diesen Aspekt veranschaulicht. Vor etwa 20 Jahren beteiligten sich alle Ashrambewohner an einem Projekt zur Trockenlegung eines überfluteten Ashramareals. Sie alle trugen Sandsäcke von einem Platz, wo Sand abgeladen worden war, zu den überfluteten Flächen. Ein junger Brahmachari, der körperliche Arbeit nicht sehr mochte, dachte plötzlich: "Wann werde ich wohl davon befreit werden? Ich habe das schon so lange aushalten müssen." Als er wieder zu dem Sandberg kam und sich niederbeugte, um einen neuen Sack auf seine Schultern zu laden, kam plötzlich Amma herbei, sprach ihn namentlich an und sagte: "Wie lange schleppst du schon Sand, mein Sohn?"

Der Brahmachari antwortete: "Beinahe zwei Stunden."

Da rief Amma laut aus: "Zwei Stunden! Schaut euch diesen Jungen an... er arbeitet schon so lange ganz hart!" und wollte ihm den Sack von den Schultern nehmen. Der Brahmachari aber weigerte sich und ging weiter, um den Sand an seinem Bestimmungsort auszuschütten. Als er zum Sandhaufen zurückkam, erwartete ihn dort Amma mit der Aufforderung: "Geh und ruhe dich aus, mein Sohn."

Wir haben in der Vergangenheit manche Fehler begangen oder Gelegenheiten versäumt, Sinnvolles zu tun, vermutlich aus Unwillen, das Reich unserer Bequemlichkeit zu verlassen. Wir sollten uns keineswegs minderwertig fühlen, aufgrund so mancher Untugenden auf dem Weg zu Gott. Wie verschmutzt das Gewässer unseres Innenlebens auch sein mag, es kann doch zunehmend klarer werden durch das frische Wasser göttlicher Gedanken und guter Taten. Krankheit und Sünde sind unvermeidliche Aspekte menschlicher Existenz. Krankheit ist das Symptom eines aus der Balance geratenen Körpers; Sünde ist das Symptom eines aus der Balance geratenen Gemüts. Spiritualität hilft uns, die innere Balance wieder herzustellen und uns auf den rechten Weg zurückzuführen.

Die Art und Weise wie ein Guru seine Schüler auswählt, wurde mit dem Brauch verglichen, aus einem Stück Sandelholz wohlriechende Sandelholzpaste mit Hilfe des heiligen Wassers des Ganges zu reiben. Das Wasser aus dem Ganges repräsentiert den geläuterten Schüler und das Sandelholz repräsentiert den spirituellen Meister, den der Duft wahrer Spiritualität umgibt. Das trifft auf gewöhnliche Meister zu. Sie wählen nur die reinsten Schüler aus, die einen entsprechenden spirituellen und moralischen Charakter besitzen. Wahre Meister wie Amma jedoch beachten derartige Qualifikationen nicht. Obwohl der Ganges in ihrer Reichweite liegt, nehmen sie anstelle von Wasser aus dem Ganges bewusst Schmutzwasser in Gestalt des unqualifizierten Schülers, um daraus Sandelholzpaste zu gewinnen. Auch wenn der Prozess noch so langwierig ist – sie vollenden ihn mit unermüdlicher Geduld und endlosem Mitgefühl.

Wir sollten also nie aufgeben, in der Meinung ein hoffnungsloser Fall zu sein. Lasst uns stattdessen diese wertvolle Gelegenheit nutzen und uns mit einem Mahatma wie Amma verbinden und reine Liebe zu Gott entwickeln. Wenn wir Ammas Vorbild nacheifern – im Gebet und im Dienst am Nächsten – werden auch wir schließlich unser kleines Selbst vergessen und wahres, immerwährendes Glück erfahren.

Kapitel 14

Sich an das Wahre halten

„Wenn du eine ganz persönliche Beziehung zu einem
wahren Meister entwickelst und dich von seiner
äußeren Gestalt angezogen fühlst, festigst du deine
Beziehung zu Gott bzw. zu deinem inneren Selbst.
Das ist nicht dasselbe wie die Hinwendung zu einem
normalen Menschen. Es ist vielmehr eine Beziehung,
die dir hilft, Losgelöstheit in allen Gegebenheiten
des Lebens zu bewahren. Dadurch wirst du auf den
letztendlichen Sprung ins Gottesbewusstsein vorbereitet.“

– Amma

Nach Aussage der Schriften können alle Lebensziele in zwei Gruppen eingeteilt werden – *preyas* (materieller Wohlstand) oder *sreyas* (spirituelle Entwicklung). Die wesentlichen Voraussetzungen zur Erreichung eines Ziels sind dieselben – ob es sich nun um „preyas" oder um „sreyas" handelt; man nennt sie *iccha-sakti, jnana-sakti* und *kriya-sakti*, das sind: die Kraft, sich etwas zu wünschen, die Kraft zu denken und die Kraft zu handeln.

Jedem ist die Fähigkeit gegeben, sich etwas zu wünschen, was immer es auch sein mag – ein Privileg, das ausschließlich wir Menschen besitzen. Ein Tier vermag nur seine Grundbedürfnisse zu befriedigen. Ein Affe z.B. kann sich nicht wünschen, einen Computer zu besitzen oder zu bedienen. Gibst du ihm einen

Computer, wird er ihn zerstören oder wegwerfen. Menschen dagegen können sich alle Dinge dieser Welt – und darüber hinaus – wünschen.

Wenn man sich etwas wünscht, muss man auch Mittel und Wege kennen, um sich diesen Wunsch zu erfüllen. Gott hat uns Denkkraft und intellektuelle Fähigkeiten verliehen, um Mittel und Wege zur Erfüllung unserer Wünsche herauszufinden.

Nun ist es aber nicht damit getan zu wissen, wie man sich einen Wunsch erfüllen kann. Wir müssen uns auch entsprechend bemühen. Gott hat uns Kraft zum Handeln verliehen, ohne die wir keinen einzigen Muskel bewegen könnten. Wir bekamen diese drei unterschiedlichen Kräfte zur Erreichung unserer Lebensziele – ob sie nun in die Kategorie „preyas" oder „sreyas" fallen.

Jeder Mensch hat eine bestimmte Vorstellung davon, wie viel materiellen Wohlstand er erwerben möchte. In der Schule lernen wir, uns mit materiellen Lebenszielen auseinanderzusetzen und die dafür notwendigen Fähigkeiten zu erwerben. Die moderne Erziehung konzentriert sich allerdings vollkommen auf die Vermittlung von Zielen der Kategorie „preyas". Selbst nach dem Erwerb eines Doktortitels kann man nicht von sich behaupten, wahres Wissen erlangt zu haben. Gemäß der Heiligen Schriften führt wahres Wissen zur Beseitigung der falschen Vorstellungen, die wir über unsere wahre Natur und die Natur unserer Umwelt haben. Allein jene wahren Erkenntnisse verhelfen uns zu „sreyas" bzw. zu spirituellem Wachstum.

Jemand sah einmal etwas auf dem Boden liegen, das aussah wie glänzendes Gold. Beim Aufheben erkannte er, dass es nur ein Bonbonpapier war. Er warf es fort und verschwendete keinen weiteren Gedanken mehr daran.

Wenn uns bewusst geworden ist, was das Wahre und was das Falsche ist, werfen auch wir das Falsche unverzüglich weg und halten uns nur an das Wahre.

Da wir momentan noch nicht über das höchste Wissen verfügen, müssen wir uns an jemanden wie Amma halten, da sie in diesem Wissen verankert ist. Diese Verbindung hilft uns, unsere falschen Vorstellungen von dem, was wir eigentlich sind, über Bord zu werfen. Amma sagt, dass wir uns vor einer Reise in eine fremde Gegend anhand einer Landkarte über den Weg informieren können. Am besten sei es jedoch, sich einen Führer aus der dortigen Gegend zu nehmen.

Edmund Hillary beispielsweise untersuchte sehr genau die Bedingungen am Mount Everest, bevor er sich auf seine Expedition dorthin begab und nahm zusätzlich die Hilfe eines eingeborenen Sherpa in Anspruch, um seine Bemühungen erfolgreich zu beenden. Ein anderes Beispiel: Wenn ein hochqualifizierter Augenarzt sich einer Augenoperation zu unterziehen hat, muss er sich einem Kollegen anvertrauen, da er sich nicht selbst operieren kann. Und so ähnlich verhält es sich mit dem Studium der Schriften: Selbst wenn wir diese noch so intensiv erforschen, offenbart sich dadurch allein nicht unser wahres Selbst. Dazu bedarf es eines vollkommen reinen Geistes. Wir selbst sind nicht in der Lage, das volle Ausmaß unserer eigenen Schwächen und negativen Eigenschaften zu erkennen. Wir benötigen dazu den Beistand eines wahren Meisters, der uns den Spiegel vorhält, damit wir unsere Unzulänglichkeiten klar erkennen und beseitigen können.

Was bedeutet es eigentlich, sich an einen wahren Meister zu halten? Es bedeutet nicht, sich an seinen physischen Körper anzuklammern und nicht mehr loszulassen, es bedeutet vielmehr, sich im Alltag auf ihn zu besinnen. Der einfachste Weg ist eine persönliche Beziehung zu einem Meister bzw. zu einer Meisterin. Wir können uns aufgrund unserer persönlichen Beziehung zu Amma ganz leicht an sie erinnern, ganz so wie an Verwandte und uns nahestehende Menschen, selbst wenn diese weit entfernt leben.

Wenn wir weit entfernt von Amma leben, kann jeder ihrer Kinder dazu beitragen, uns ihr näher zu fühlen. So erzählte mir jemand aus dem Westen, der in Amritapuri lebte und wegen familiärer Angelegenheiten in sein Heimatland zurück musste, dass er im Ashram eine bestimmte Person nie besonders gemocht und dort eigentlich auch immer gemieden habe. Als er schon mehrere Monate vom Ashram entfernt lebte, traf er diese Person zufällig und war überglücklich, diesen Mann zu sehen. Er lud ihn sogar zu sich nach Hause zum Essen ein und behandelte ihn wie einen lange verlorenen Bruder. Ihn zu sehen, erinnerte ihn einfach an Amma und gab ihm das Gefühl, sie sei nicht mehr so weit entfernt.

Amma setzt alles daran, dass wir eng mit ihr verbunden sind und uns dadurch von der Höchsten Wahrheit bzw. von Gott angezogen fühlen.

Sri Krishna sagt in der *Bhagavad Gita*:

na me pārthāsti kartavyaṁ triṣu lokeṣu kiṁcana
nānavāptam avāptavyaṁ varta eva ca karmaṇi

Es gibt nichts in den drei Welten, oh Partha, das ich nicht erschaffen hätte.
Und es bleibt nichts unerreicht, das erreicht werden sollte. Ich bin der Handelnde.

(3.22)

Amma gewinnt nichts für sich persönlich, wenn sie ihre Zeit mit uns verbringt oder irgendetwas für uns tut. Sie wurde einmal von einem Reporter gefragt: „Was bringt Ihnen in Ihrer Position die größte Befriedigung und Zufriedenheit?" Amma: „Zufriedenheit? Ich bin immer zufrieden. Wenn man unerfüllt ist, versucht man sich von anderen etwas zu nehmen, um Erfüllung zu finden. In meinem Fall trifft das nicht zu. Es ist immer Überfluss vorhanden."

Manche Leute halten es für unsinnig, Amma ihre Sorgen und Probleme vorzutragen, da sie eins ist mit dem Höchsten Sein und demzufolge alles weiß und über allem steht. Das erinnert an das Verhalten eines Grundschülers, der behauptet: „Ich kann meinen Vater nicht bitten, mir bei meinen Schulaufgaben zu helfen, denn er hat längst aufgehört, solches Zeug zu lernen." Wenn das Kind so denkt, beraubt es sich der Möglichkeit, von der Hilfe seines Vaters zu profitieren.

Obwohl der Guru jenseits von Name und Gestalt ist, fördert es unser spirituelles Wachstum, wenn wir uns auf den Guru als Person beziehen und uns gleichzeitig bewusst sind, dass seine wahre Natur jenseits von allem ist. Sollten wir versuchen, uns mit Amma auf der Ebene des Absoluten zu verbinden, würde das zu Missverständnissen und Verwirrung führen, da wir uns noch auf der objektiven Ebene des Körperbewusstseins befinden.

Während einer Amma-Veranstaltung in Indien sah einer der Brahmacharis zu Beginn des Darshans, wie ein Mann vor Rührung schluchzte, ging auf ihn zu und fragte nach der Ursache. Der Mann antwortete: „Ich spüre, wie sich mein Herz weitet."

Dem Brahmachari kam die Sache ernst vor, weshalb er den Mann nicht in der Darshan-Schlange warten lassen wollte, sondern ihn direkt zu Amma führte und ihr erklärte: „Amma, dieser Mann hat ein ernstes Problem – sein Herz ist erweitert."

Amma schaute belustigt auf den Mann und fragte ihn: „Ist das wahr, mein Sohn?"

Der Mann lächelte hinter seinen Tränen und erläuterte: „ Nein, nein, nicht mein physisches Herz, sondern mein spirituelles Herz hat sich aufgrund deiner Liebe geweitet, Amma."

Der Mann und der Brahmachari kommunizierten von zwei unterschiedlichen Ebenen her, was zu Missverständnissen führte.

Es wird uns nie gelingen, mit Amma auf ihrer Ebene zu kommunizieren, wenn wir das je versuchen sollten, denn auf jener Ebene ist keine Kommunikation mehr nötig: Dort gibt es nur Einssein.

Es ist außerdem wahr, dass die Gegenwart der Meister – deren Ebene jenseits der objektiven Wirklichkeit liegt, auf die sie sich vorübergehend eingelassen haben – unendlich kostbar ist.

Selbst die Schüler des großen Weisen Adi Shankaracharya – er erneuerte in Indien landauf landab die Vorherrschaft der Philosophie von Advaita Vedanta (Nicht-Dualismus) – achteten sorgfältig auf die körperliche Gesundheit und Sicherheit ihres Meisters.

Eines Tages bat ihn ein *kapalika* (jemand, der okkulte Praktiken ausführt), im Wissen um das mitfühlende Wesen des Weisen, seinen Kopf für ein bestimmtes Ritual zu opfern. Da Shankaracharya wusste, dass sein Wahres Selbst nicht vom Verlust seines Körpers betroffen sein würde, willigte er ein. Er wandte jedoch ein, man dürfe ihm seinen Kopf nur ohne Wissen seiner Schüler nehmen.

Als alle Schüler Shankaracharyas im Fluss badeten, fand der Kapalika Shankaracharya in tiefer Meditation. Er hob sein Schwert, um den Weisen zu köpfen, als plötzlich wie aus dem Nichts dessen Schüler Padmapada auftauchte, Kapalika überwältigte und tötete. Während des Bades hatte er intuitiv gespürt, dass sein Meister in Gefahr war und sich zur Rückkehr entschlossen. Da Padmapada einst ein Schüler von Narasimha (Inkarnation Vishnus in Gestalt eines Löwen-Menschen) gewesen war, vermochte er die Kraft von Narasimhas Gegenwart in sich zu erwecken.

Es hätte für Sankaracharya, der sich vollkommen jenseits des Körperlichen befand, nichts geändert, wenn der Kapalika ihn getötet hätte. Padmapada dachte aber nicht: „Oh, mein Guru ist ein unzerstörbares Höchstes Sein, jenseits von Körper und

Geist, weshalb kein Anlass besteht, seinen Körper zu schützen." Er setzte stattdessen voller Hingabe alles daran, den Körper seines Meisters vor Schaden zu bewahren. Dafür empfing er die Gnade seines Meisters.

Der Weise Narada suchte einmal Krishna auf. Als dieser ihn erblickte, klagte er über schreckliche Kopfschmerzen und erklärte Narada, es könne ihn nur der Staub von den Füßen eines wahren Devotees heilen. Er trug Narada auf, einen wahren Devotee zu finden und den Staub von dessen Füßen aufzusammeln. Obwohl Narada selbst glühender Anhänger war, wäre es ihm sündhaft erschienen, den Staub seiner eigenen Füße auf Krishnas Kopf aufzutragen. So machte er sich also auf die Suche nach einem bereitwilligen Devotee. Niemand, den er darauf ansprach, war bereit, den Staub seiner Füße abzugeben, aus Angst, damit ein schreckliches Sakrileg zu begehen. Schließlich kehrte Narada zu Krishna zurück und bekannte ihm sein Scheitern.

Krishna wies ihn an, die *gopis* (Kuhhirtinnen) von Vrindavan zu fragen. Narada hatte zwar seine Zweifel, brach aber nach Vrindavan auf. Als Narada vor den Gopis erwähnte, ihr Herr habe Kopfschmerzen, ließen sie alles stehen und liegen, bürsteten sich den Sand von ihren Fußsohlen und sammelten ihn in einem kleinen Beutel. Sie hatten keine Skrupel, für ihren Herrn den Staub ihrer Füße einzusammeln. Er litt Schmerzen – deshalb drehten sich all ihre Gedanken darum, ihm zu helfen. Sie wären bereit gewesen, selbst die schwerste Sünde zum Wohle ihres Herrn auf sich zu nehmen. Hätten sie gedacht, „Krishna ist Gott – wie kann denn Gott Kopfschmerzen haben?" hätten sie ihre Liebe und Hingabe nicht ausdrücken können. Obwohl man eigentlich sagen kann, dass die Gopis aus einem eingeschränkten Blickwinkel auf Sri Krishnas wahres Wesen schauten, vermochten sie in ihrer selbstlosen Hingabe und Liebe – die genau diesem Blickwinkel entsprang – in so kurzer Zeit in Gott aufzugehen. Hätten sie stattdessen Gott als das unpersönlich Absolute empfunden, wären sie nicht in der Lage gewesen, sich mit solch liebevollem Eifer auf Gott zu konzentrieren. Es hätte dann noch vieler Leben bedurft, um ihr Ziel des menschlichen Lebens zu erreichen.

Es ist also sehr schwierig, ein festes Band mit einem Meister zu knüpfen, wenn wir mit ihm nicht auf der menschlichen Ebene kommunizieren, sondern es nur von der Ebene des Absoluten her versuchen. Es gibt beispielsweise Menschen, die meinen, man könne Amma keine Briefe zur Erleichterung seines Herzens schreiben, da sie ja alles wisse. Es gab einen Brahmachari, der einen bestimmten Vorfall seines Lebens, der sich vor seiner Zeit im Ashram ereignet hatte, geheim hielt. Er hatte niemandem davon erzählt, auch Amma nicht. Gelegentlich dachte er in Ammas Nähe wieder daran, mit dem Gefühl, sie werde das sicher aufgreifen. Er sprach jedoch nie mit ihr über diesen Vorfall. Da ihn das Ganze aber weiterhin quälte, erleichterte er dann schließlich sein Herz in einem Brief an Amma. Als Amma den Brief gelesen hatte, ging er zum Darshan und fragte Amma, ob sie über ihn verärgert sei.

Amma sagte süß lächelnd: „Natürlich nicht... was immer auch in der Vergangenheit geschah, ist ein entwerteter Scheck. Ein Leben mit Amma zu beginnen, heißt reinen Tisch zu machen oder all seine Fehler auszuradieren. Versuche einfach, nicht denselben Fehler zu wiederholen, sonst ist es wie mit einem Stück Papier, das zerreißt, wenn man immer wieder an derselben Stelle radiert."

Ammas Antwort erleichterte den Brahmachari sehr. Als er aufstand um wegzugehen, fügte Amma hinzu: „Ich wusste übrigens von diesem Vorfall, doch aufgrund deiner Offenheit Amma gegenüber, kann Amma dir nun näher kommen. Du hast eine Mauer zwischen dir und Amma niedergerissen."

Amma sagt, der Schüler solle vor der Meisterin wie ein offenes Buch sein und nichts vor ihr verbergen, und zwar nicht etwa, weil die Meisterin nichts über ihn wisse. Wenn wir unser Herz für die Meisterin öffnen, empfinden wir sie als unser Selbst. Solange wir uns auf der Ebene der Dualität befinden, ist eine enge Beziehung zu einem Meister oder einer Meisterin ganz wichtig. Amma sagt: „Benutzt mich in eurem spirituellen Wachstum wie eine Leiter." Amma ist nur deshalb auf unsere Ebene hinabgekommen, um unser Bewusstsein auf die Ebene des Absoluten zu erheben.

Auch wenn Amma die Einheit der gesamten Schöpfung sieht, kommuniziert sie mit ihren Kindern als individuellen Persönlichkeiten – denn schließlich sehen wir selbst uns so. Viele betrachten Amma tatsächlich als lebenslange Vertraute und Freundin. Sie lacht, wenn wir lachen, sie weint, wenn wir weinen und sie vermisst uns, wenn wir gegangen sind.

Amma besuchte am Tag vor ihrer Amerika-Tour 2007 das Haus eines Anhängers nördlich von Seattle. Dort hatten sich viele Devotees versammelt, um Amma zum Auftakt ihrer 21. Sommertour durch die USA zu begrüßen. Amma ging rasch auf die Versammelten zu und erkundigte sich nach deren Wohlergehen und den neuesten Ereignissen in ihrem Leben.

Nur wenige Wochen vor Ammas Ankunft war ein amerikanischer Anhänger verstorben, der Amma seit seiner ersten Begegnung im Jahre 1987 sehr nahe gewesen war. Jeder der Versammelten spürte, wie sehr er fehlte. Als Amma sich vor den Versammelten auf einem Stuhl niedergelassen hatte, bat sie alle um einen Schweigemoment und um ein Gebet für den Frieden seiner Seele. Sie bat außerdem, an alle die Devotees zu denken, die nicht dabei sein konnten – aus welchem Grund auch immer.

Man hatte eine Mahlzeit vorbereitet und Amma begann, jedem einen Teller Prasad zu reichen. Währenddessen streifte Ammas Blick die Gruppe, um dann auf den Gesichtern ihrer Kinder zu ruhen, die sie in den meisten Fällen über ein Jahr nicht gesehen hatte. In diesem Moment bemerkte ein Kind, das in Ammas Nähe stand, dass Amma an ihrer rechten Hand einen Jadering trug. Da Amma üblicherweise nicht solchen Schmuck trägt, fragte das Kind, warum sie diesen Ring trage. Amma erklärte ihr, dass während des Abschlussprogramms in Japan eine Frau ihr diesen Ring mit tiefer Liebe geschenkt habe. Amma habe ihn deshalb gerne angelegt und wolle ihn auch noch eine Weile tragen. Dann fügte Amma hinzu, das Gesicht der jungen Frau, die ihr den Ring geschenkt habe, habe sie an die Frau des kürzlich verstorbenen Mannes erinnert. Amma erklärte, das passiere ihr oft. Wo immer sie sich auch aufhalte, erinnere sie Gesichter von Menschen, denen sie Darshan gibt, an die Gesichter anderer Anhänger – die manchmal auf der anderen Seite der Erdkugel leben. Ähnlich ergehe es ihr mit Stimmen; die Sprechweise eines Menschen erinnere sie mitunter an jemanden weit, weit weg in einem anderen Land. Aus diesem Grund erinnere sich Amma stets an ihre Kinder rund um die Erde, selbst wenn sie nicht körperlich bei ihr sein könnten.

Kapitel 15

Der Beobachter und das Beobachtete

„Wir sollen unablässig forschen – am Ende alles
Forschens werden wir jedoch wieder dort ankommen,
wo wir begonnen haben, so, als sei es das erste Mal."

– T.S. Eliot

Es gab einmal einen zum Angriff entschlossenen General, und zwar trotz großer zahlenmäßiger Unterlegenheit seiner Armee.

Er war sich des Sieges gewiss, seine Männer waren jedoch von Zweifel erfüllt. Auf dem Weg in die Schlacht nahm der General eine Münze in die Hand und verkündete: „Ich werfe jetzt diese Münze. Wenn ‚Kopf' oben liegt, gewinnen wir, bei ‚Zahl' verlieren wir – nun wird sich das Schicksal offenbaren!"

Er warf die Münze in die Luft und alle schauten gebannt, auf welcher Seite sie gelandet war. Sie zeigte „Kopf." Das begeisterte die Soldaten derart und erfüllte sie so sehr mit Vertrauen, dass sie den Feind beherzt angriffen und ihn besiegten.

Nach der Schlacht bemerkte ein Leutnant dem General gegenüber: „Niemand kann das Schicksal beeinflussen."

„So ist es", erwiderte der General und zeigte dem Leutnant die Münze – sie zeigte auf beiden Seiten „Kopf".

Der General hatte mit seiner List weder die Zahl der Waffen noch die Zahl der Soldaten seiner Armee vermehrt, sondern seinen

169

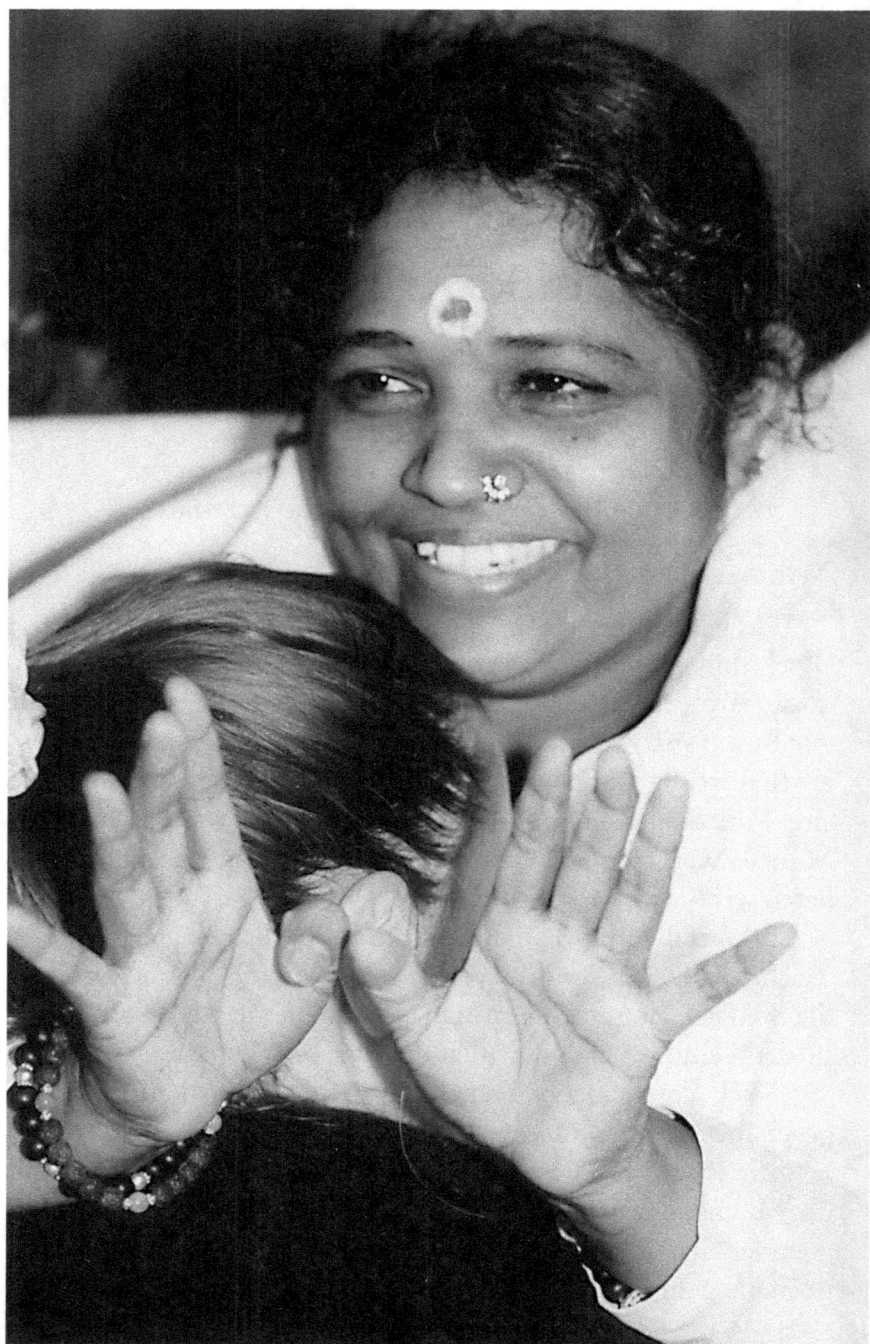

Männern einfach die notwendige Siegesgewissheit vermittelt. Er bewirkte eine Veränderung in der Art und Weise wie sie sich selbst und ihre Chancen bewerteten. Sie gewannen die Schlacht, weil sie daran glaubten, siegen zu können.

In dieser Hinsicht sagt Amma: „Wir sehen in der Welt das, was wir auf sie projizieren. Betrachten wir sie mit Hass und Rachegefühlen, empfinden wir die Welt entsprechend. Sehen wir sie jedoch mit Augen der Liebe und des Mitgefühls, dann erblicken wir in allem Gottes Schönheit."

Es gibt eine japanische Sage, die dies veranschaulicht. Vor langer Zeit stand in einem kleinen, weit abgelegenen Dorf ein Gebäude, das man das „Haus der 1000 Spiegel" nannte. Ein kleiner glücklicher Hund erfuhr davon und beschloss, es aufzusuchen. Dort angekommen, sprang er vergnügt die Stufen zur Haustüre hoch. Mit aufgestellten Ohren und heftig mit dem Schwanz wedelnd blickte er durch die Haustüre – um überrascht festzustellen, dass er auf 1000 weitere vergnügte kleine Hunde schaute, die genauso heftig wie er mit dem Schwanz wedelten. Er lächelte herzlich, was tausendfach mit genauso warmem und freundlichem Lächeln beantwortet wurde. Als er das Haus verließ, dachte er bei sich: „Dies ist ein wunderschöner Ort. Ich werde ihn noch oft besuchen."

Ein anderer kleiner Hund, der nicht so vergnügt war wie der erste, beschloss ebenfalls, dieses Haus in dem Dorf aufzusuchen. Er kletterte langsam die Stufen hoch und schaute mit hängendem Kopf durch die Türe. Als er sah, dass ihn 1000 Hunde unfreundlich anstarrten, knurrte er sie an und wich dann beim Anblick von 1000 kleinen Hunden, die ihn genauso anknurrten, erschrocken zurück. Beim Weggehen dachte er bei sich: „Was für ein fürchterlicher Ort – ich werde dort niemals mehr hingehen."

Amma beschreibt ein Experiment, mit dem man herausfinden wollte, ob die Welt wirklich so ist, wie wir sie wahrnehmen. Die

Experimentatoren setzten einem jungen Mann eine Brille auf, die seinen Blick verzerrte, mit der Aufforderung, diese Brille sieben Tage lang ununterbrochen zu tragen. In den ersten drei Tagen war er sehr unruhig, da die Verzerrungen, von allem, was er sah, sich sehr störend auf ihn auswirkten. Doch dann hatten sich seine Augen (bzw. sein Gehirn) völlig an diese Brille gewöhnt und sein schmerzvolles Unbehagen war verschwunden. Sein zunächst merkwürdig verzerrtes Bild der Welt kam ihm später ganz normal vor. Amma sagt: „Genauso trägt jeder von uns eine andere Brille. Wir sehen die Welt durch diese Brille."

Eines Tages machte ein wohlhabender Mann mit seinem Sohn einen Ausflug aufs Land, wo er ihm unbedingt zeigen wollte, wie arm Menschen sein können. Sie verbrachten einen Tag und eine Nacht im Haus einer sehr armen Familie. Nach der Rückkehr von ihrem Ausflug fragte der Vater seinen Sohn: "Wie war der Ausflug?"

"Sehr gut, Papa," antwortete sein Sohn begeistert.

"Und was hast du gelernt?" fragte sein Vater erwartungsvoll.

Der Sohn antwortete: "Mir fiel auf, dass wir zu Hause einen Hund haben und sie haben vier. Wir haben einen Pool, der bis zur Mitte des Gartens reicht und sie haben einen Bach, der grenzenlos ist. Wir haben Lampen im Garten und sie haben die Sterne. Unsere Veranda verläuft an der Vorderseite des Hauses, ihnen öffnet sich der ganze Horizont." Sprachlos hörte der Vater dem Jungen zu, der noch nicht ausgeredet hatte und ganz freundlich hinzufügte: "Danke Papa, dass du mir gezeigt hast, wie arm wir sind."

Obwohl Vater und Sohn dieselben Gene hatten, in demselben Haus lebten, einen gemeinsamen Ausflug unternahmen und sich dieselben Dinge anschauten, zogen sie ganz unterschiedliche Schlüsse.

Selbstverständlich gibt es in der objektiven Realität einiges, was von allen akzeptiert wird. Wenn es wie aus Kübeln schüttet, wird niemand behaupten, es sei ein sonniger Tag. Gesetzt den Fall, alle Menschen verfügten über dieselben mentalen Voraussetzungen und hätten dieselbe Anschauung von dem, was sie sehen, könnten sie trotzdem keine wirklich objektive Sichtweise haben, wie die neuere Physik herausgefunden hat. Der Heisenbergschen Unschärferelation zufolge ist es nicht möglich, gleichzeitig zu erkennen, wo sich ein bestimmtes Elementarteilchen befindet und in welche Richtung es sich bewegt. Das hat folgenden Grund: Will man die Position eines beliebigen Elementarteilchens beobachten, muss dieses die Bahn eines anderen Teilchens stören, wobei es sich dabei meistens um ein Photon (Lichtteilchen) handelt. Bei Kollision des Photons mit dem beobachteten Elementarteilchen verändert sich dessen Bewegungsrichtung – so wie eine Billardkugel beim Zusammenstoß mit einer anderen Kugel ihre Bewegungsrichtung verändert. Somit verändert der Beobachter durch den Vorgang des Beobachtens die beobachtete Realität.

Ebenso wie in der Quantenmechanik ist unsere Fähigkeit zu einem genauen Bild von der Welt enorm begrenzt. Die Menschheit hat lange gemeint, dazu bedürfe es lediglich Geduld und Scharfsinn. Mit fortschreitender Technologie werden wir uns der Unermesslichkeit des Universums bewusst und erkennen, dass wir es niemals ausloten können. Wir erkennen allmählich die Grenzen unserer Wahrnehmungsorgane. Nicht nur unsere eingeschränkten Sinne und die Grenzen der Technik verhindern ein exaktes Wahrnehmen; genauso hinderlich sind unsere vorgefassten Meinungen und Konzepte. Tatsächlich sind wir alle in einem gewissen Sinn psychologisch behindert, was in gewisser Weise einschränkender ist als eine körperliche Behinderung. Bei körperlicher Behinderung sehen wir unsere Einschränkungen ganz klar. Sind wir aber überzeugt davon, dass unser Geist tadellos funktioniert und sind wir uns der psychologischen Einschränkungen nicht bewusst, können wir unsere Begrenzungen nicht wahrnehmen. Wenn wir dann in schwierige Situationen geraten, die eigentlich selbstverschuldet sind, fragen wir uns erstaunt, wie das geschehen konnte.

Für mehr als 700 Studenten fand das Abschlussexamen eines Universitätslehrgangs statt. Der Professor verkündete, dass die Prüfungszeit penibel eingehalten werden müsse: Wer sein Prüfungsheft nicht nach exakt zwei Stunden bei ihm abgegeben habe, habe die Prüfung nicht bestanden. Eine halbe Stunde nach Beginn der Prüfung schlenderte ein Student herein und bat den Professor seelenruhig um ein Prüfungsheft. „Sie werden nicht genug Zeit haben, um die Arbeit zum Abschluss zu bringen", bemerkte der Professor sarkastisch, als er dem Studenten das Heft aushändigte.

„Doch, werde ich", erwiderte der Student zuversichtlich, nahm sich einen Stuhl und begann sorgfältig und bedächtig mit der Niederschrift der Prüfungsarbeit. Nach zwei Stunden forderte der Professor die Prüfungshefte ein, woraufhin die Studenten gehorsam ihre Unterlagen schlossen und ihm aushändigten – alle, außer dem zu spät gekommenen Studenten, der weiterschrieb. Nach dreißig Minuten kam der Student auf den Professor zu und wollte sein Examensheft auf den Stapel auf dem Pult legen. Der Professor versuchte ihn davon abzuhalten: „Nicht so eilig, ich nehme Ihre Arbeit nicht an, da Sie zu spät abgegeben haben."

Der Student setzte eine empörte Miene auf und fragte herausfordernd: „Wissen Sie nicht, wer ich bin?"

„Nein, das weiß ich tatsächlich nicht", gab der Professor ungeniert zu, „und um ehrlich zu sein, ist mir das auch völlig egal". „Gut", konterte der Student, schnappte sich den Examensheftestapel, schob rasch seine Arbeit in den Packen hinein und verließ den Raum.

Der Professor begriff zu spät, dass er über den Studenten, mit dem er es hier zu tun hatte, zu wenig wusste. Da er kein genaues Bild von seinem eigenen Umfeld besaß, konnte er nicht angemessen reagieren.

Auch wir haben oft ein oberflächliches Bild von der Welt, in der wir leben. Wir streben rastlos nach Erfolg und Wohlstand, ohne uns jemals zu fragen, ob das alles der Mühe wert ist und das Leben nicht einen höheren Sinn hat.

Es gibt natürlich Ausnahmen von der Regel: Es gibt z.B. den berühmten Fall des Protagonisten der Novelle *,Der Ekel', (Nausea)*, aus der Feder des existentialistischen Philosophen Jean Paul Sartre. Als der Protagonist sich überlegt, wie oft er sich bis ans Ende seiner Tage wohl noch seine Hosen anziehen muss, packen ihn Schrecken und Entsetzen. Dieser Mann ist voller Ekel und Abscheu – gegen beinahe alle alltäglichen Gegebenheiten seiner Existenz und die Dinge seiner Umwelt. Er äußert gegenüber einem Freund: „Hier sitzen wir nun alle – essen und trinken, um unsere kostbare Existenz zu erhalten und es gibt wirklich keinen, absolut keinen Grund für diese Existenz." Die Existentialisten sahen sehr genau, wie gefangen wir in der Welt der Formen und Gestalten sind, dass wir ihnen nachjagen, uns auf sie einlassen, Verhalten und Eigenschaften bestimmter Formen und Gestalten bewerten – solange, bis unserer eigener Körper zunichte wird und stirbt.

Aufgrund dieser Anschauung glaubten sie zu erkennen, was jedem Menschen fehlt. Doch auch ihnen fehlte etwas: Die Erkenntnis, dass es eine göttliche, transzendente Wirklichkeit gibt, die mit ernsthaftem Bemühen und mit Gottes Gnade zu unserer persönlichen Erfahrung werden kann. Ähnlich wie jemand, der beim Durchzählen einer Gruppe vergisst, sich selbst mitzuzählen, schauten die Existentialisten nicht über ihren Verstand hinaus, um dort Atman (den höchsten Geist) zu entdecken. Für diese

Philosophen gilt wie für die meisten Menschen der Verstand als letztgültige Instanz und das Leben auf Erden nur als Stimulans, das für den Verstand über die Sinne erfahrbar wird.

Tatsächlich funktionieren Verstand bzw. Gemüt in Bezug auf die äußere Welt in subjektiver Weise. Von höchster Warte aus gesehen haben wir es jedoch gemäß Vedanta ebenfalls mit einer objektiven Funktion zu tun: Unser Gemütszustand ist uns bewusst – wir wissen, ob wir traurig, glücklich, verwirrt, klar oder was auch immer wir sind. Laut Vedanta erhält der Verstand (und das Gemüt) sein Licht von der höchsten geistigen Ebene (Atman), die Sinne hingegen bekommen ihr Licht über den Verstand, in der Weise, wie ein Spiegel benutzt werden kann, um das Sonnenlicht auf andere Gegenstände zu lenken[10].

Die Existentialisten überkam Verzweiflung, Kummer und sogar Ekel („nausea"), weil sie die Begrenzungen der äußeren Welt wahrnehmen, ohne etwas anderes dahinter zu erkennen. Es handelt sich hier um eine negative Verneinung der Welt. Die alten Rishis riefen zwar auch: *Neti, neti* (Nicht dies, nicht das) und negierten die Welt als *mithya* (stets veränderlich und deshalb illusorisch) im eigentlichen bzw. letztendlichen Sinn des Wortes, jedoch entspricht dies einer positiven Negation. Sie erklärten: Alles, was sich verändert, verursacht Schmerz und Unglück. Es gibt jedoch Etwas, das sich nie wandelt und Dieses ist Atman oder das Zeugen-Bewusstsein. Nur durch Identifizierung mit Atman können wir wahrhaft glücklich und friedvoll sein, unbeeindruckt von den Wechselfällen des Lebens.

In der *Brhadaranyaka Upanishad* sagt Yagnavalkya zu Ushasta: „Die innere Essenz des gesamten Universums ist auch deine

---

[10] Shankaracharya erklärt in seinem Werk Drg Drsya Viveka: „Die Form wird erkannt und das Auge ist das Erkennende. Das Auge wird erkannt und der Verstand (mithilfe des Gehirns) ist der Erkennende. Aber auch dieser wird seinerseits in all seinen Modifikationen erkannt und der eigentlich Erkennende ist der Zeuge. Der Zeuge jedoch wird von niemandem erkannt."

Essenz." Zur Erkundung unserer inneren Essenz müssen wir nirgendwo hin aufbrechen. Will eine Welle an der Oberfläche des Arabischen Meeres ihre wahre Essenz erkennen, muss sie nicht bis zum Atlantischen Ozean reisen, sondern einfach nur unter die Oberfläche tauchen, um herauszufinden, dass sie essentiell Wasser ist.

Zwei Leute standen sich an den Ufern eines schnell fließenden Flusses gegenüber. Der eine rief zum anderen: „Wie kann ich auf die andere Seite kommen?" Worauf der andere antwortete: „Wie meinst du das? Du bist doch schon auf der anderen Seite!"

Selbstverwirklichung kann nicht als Reise unternommen werden. Wir müssen lediglich erkennen, dass wir bereits das sind, nach dem wir suchen. Die Existentialisten sehen einen Ausschnitt des Bildes und die Quantenphysiker sehen einen anderen. Die Quantentheoretiker postulieren: Es gibt einen riesigen Ozean verborgener Energie, aus der die physische Welt entsteht, die ansonsten nur eine kleine Welle auf diesem Ozean ist. Diese Wissenschaftler vermuten, dass diese Energie enorm verdichtet ist – derart verdichtet, dass sie uns eigentlich zerdrücken müsste und dass sie reibungsfrei ist, weshalb sie weder von uns noch von unseren Instrumenten registriert werden kann. Wir bewegen uns in ihr wie ein Fisch im Wasser und verdanken ihr unsere Existenz.

Diese Theorie kommt der exakten Beschreibung von Brahman näher als jeder andere Vorschlag moderner Wissenschaft. Doch auch die Wissenschaftler sehen nur einen Ausschnitt des Bildes – sie vermuten die Existenz von Brahman, ohne zu erkennen, dass er ihr eigenes Wahres Selbst ist. Nur die Rishis verfügten über eine ganzheitliche Sichtweise, die alles mit einschloss: Die Begrenzungen der äußeren Welt, die absolute Wirklichkeit von Brahman und die Natur unseres Wahren Selbst als Brahman selbst.

Wissenschaftlich denkende Leute behaupten von sich selbst, realistisch zu sein. Doch die einzig wirklich realistischen Wesen sind selbstrealisierte Meister wie Amma – sie sind fähig, die Wirklichkeit zu sehen, wie sie ist. In der *Mundaka Upanishad* heißt es: „Wer Brahman erkennt (das allwissende, allgegenwärtige, allmächtige reine Bewusstsein), wird Brahman."

Das macht den Unterschied aus zwischen akademischem und spirituellem Wissen. Wenn wir alles über einen Frosch gelernt haben, werden wir kein Frosch – vom Märchen einmal abgesehen. Wenn wir dagegen zutiefst das Wesen von Brahman verstanden haben, „werden" wir Brahman. Amma sagt über einen selbstverwirklichten Menschen: „Statt über Zucker zu reden oder davon etwas zu kosten, wird er oder sie Zucker – die Süße selbst." Die Trennung zwischen Beobachter und Beobachtetem löst sich vollkommen auf, sie werden ein und dasselbe.

Nur wenn wir erkennen, dass unser wahres Wesen Bewusstsein ist, das die gesamte Schöpfung durchdringt, vermögen wir wirklich klar zu schauen; vorläufig aber blicken wir noch wie durch ein trübes, beschlagenes Fenster. So wie unsere Wahrnehmungsorgane den Blick auf die Realität einengen und unsere Denkweise ihn subjektiv färbt, verstehen wir auch die Worte und Handlungen eines wahren Meisters nur unvollkommen. Noch einmal: Die Begrenztheit des Beobachters verhindert die korrekte Wahrnehmung des Beobachteten.

In dem Maße, in dem wir unsere innere Begrenzung durch reinigende Kontemplation und spirituelle Übungen überwinden können, werden wir uns deutlicher der eigentlichen Absichten des Gurus bewusst.

Ammas Art zu lehren und Wissen zu vermitteln ist sehr subtil – ohne große Erklärungen, frei von Pathos und Anspruch. Sie lehrt auf ganz natürliche, spontane und bescheidene Weise. Vielleicht erscheint uns die eine oder andere Handlungsweise

Ammas unbedeutend, weshalb wir sie unterschätzen und hinnehmen, als sei sie selbstverständlich. Tatsächlich lehrt Amma in jedem Moment, mit jedem Wort und mit jeder ihrer Handlungen. Um ihre Lehre begreifen zu können, brauchen wir ein unterscheidungsfähiges Auge und das richtige Bewusstsein.

Amma sprach beispielsweise vor einiger Zeit über die zunehmende Luftverschmutzung und weltweiten Umweltprobleme. Sie erwähnte, eine mögliche Lösung des Problems sei das Recyceln von Plastik, das nicht biologisch abbaubar ist und sich auf Mülldeponien Tausende von Jahren hält. Eine Ashrambewohnerin nahm sich Ammas Vorschläge zu Herzen und sann über Lösungswege zum Recyceln von weichem Plastik nach – etwas, das normalerweise als nutzlos gilt und deshalb verbrannt wird oder auf der Müllhalde landet. Eines Tages kam ihr die Idee, man könne aus Plastik irgendetwas Nützliches weben. Nach etlichen Versuchen hat sie damit begonnen, aus alten Plastikbeuteln wunderschöne Tragetaschen und gestrickte Sandalen anzufertigen. Als Amma einige Produktbeispiele gezeigt wurden, leuchteten ihre Augen wie die einer stolzen Mutter. Sie erzählte den anderen, wie glücklich sie über den Einfallsreichtum ihrer Kinder sei: „Amma ist sehr erfreut über die Bemühungen dieser Kinder, Wertvolles aus Abfall zu produzieren. Ihr empfindet dies vielleicht nur als unbedeutende Geste, doch dadurch blühen die Herzen auf und andere Menschen werden zum Nachahmen angeregt, was zu bedeutenden Veränderungen in der Gesellschaft führen kann."

Obwohl Tausende von Menschen Ammas Worte vernommen hatten, wie gut es wäre, Plastik zu recyceln, sank das bei den meisten nicht wirklich ins Bewusstsein. Eine Frau jedoch war so empfänglich, dies wirklich in sich aufzunehmen und in kreatives Handeln umzusetzen.

Wir spüren aufgrund unserer begrenzten Sichtweise oft nicht die tiefere Bedeutung hinter Ammas Handlungen. Im Rahmen des Onam-Festes 2007 planten die Frauen einer von Amma initiierten Selbsthilfegruppe ein festliches Programm in Amritapuri. Das Programm sah einen Wettbewerb für das beste *pookalam* (traditionelles Blumenschmücken), traditionelle Volkslieder, Tauziehen und das Spiel ‚musical chairs' (‚Reise nach Jerusalem') vor. Das Programm sollte in der großen Halle des Ashrams stattfinden, während Ammas Darshan – wie an Werktagen üblich – in der kleineren Tempelhalle vorgesehen war.

Eine halbe Stunde vor Beginn des Programms verkündete Amma plötzlich, sie werde in der großen Halle Darshan geben. Das brachte die Organisatoren des Onam-Festes aus ihrem Konzept, da sie die Halle bereits für ihre Veranstaltung vorbereitet hatten. Es war für sie nicht vorstellbar, was im Falle von Ammas Darshan hier aus dem geplanten Onam-Programm werden würde. Einige waren ganz enttäuscht, als sie diese Neuigkeit hörten, weil sie fürchteten, nun werde ihr Programm gestört oder sogar abgesagt.

Als Amma dann auf die Bühne kam, gab sie direkte Anweisungen für das Aufstellen der Stühle, damit möglichst viele Menschen das Programm anschauen konnten. Sie lud außerdem alle Ashrambewohner, Besucher und sogar die Studenten zum Programm ein. Als Amma später hörte, dass die Organisatoren als Jury-Mitglieder vornehme Gäste aus anderen Teilen Indiens und dem Ausland gewinnen wollten, gab sie zu bedenken, es sei besser, die Jury auf Leute aus Kerala zu beschränken, da diese die traditionellen Künste und Onam-Feierlichkeiten richtig einschätzen könnten. Amma gab all ihre Rückmeldungen und Anweisungen während ihres Darshans.

Die für den Blumenschmuck zuständigen Frauen hätten es sich nie träumen lassen, dass Amma ihre Dekorationen anschauen würde. Die *Pookalams* wurden mitten in der Halle angeordnet, so dass Amma sie von ihrem erhöhten Sitz auf der Bühne deutlich sehen konnte. Und auch was sonst noch zum Programm gehörte, wurde so aufgebaut, dass es für Amma und alle anderen sichtbar war. Die Herzen der Programmgestalter schlugen höher angesichts dieser Chance, Amma etwas vorzuführen.

Als abschließend die Namen der Gewinner des Blumen-Wettbewerbs verkündet wurden, sagte Amma über Lautsprecher: „Wer keinen Preis gewonnen hat, sollte sich nicht entmutigen lassen. Ihr alle habt euch voller Hingabe eingesetzt und dabei euer Mantra gesprochen, und Gott hat all eure Gaben angenommen."

Die Programmgestalter und auch einige Organisatoren hatten gefürchtet, wegen Ammas Entscheidung in letzter Minute würde das Tagesprogramm gestört – sie konnten nicht das größere Ganze erkennen. Hätte Amma in der anderen Halle Darshan gegeben, wären nur einige hundert Freunde und Familienmitglieder zu ihrem Programm gekommen. So aber hatten sich Tausende von Zuschauern aus der ganzen Welt eingefunden und Amma selbst war bei dem Programm zugegen. Wenn Amma nicht in der großen Halle Darshan gegeben hätte, wäre das Onam-Programm nur eine formale Angelegenheit geblieben. Ihre Gegenwart machte es zu einem wahren Fest und alle am Programm Beteiligten gingen zufrieden nach Hause.

Bei einer Veranstaltung vor einigen Jahren sang ein Mann, der oft bei den Touren dabei ist, einen Bhajan während Amma Darshan gab.

Er sang erstmals vor Amma. Seine Stimme klang etwas merkwürdig und sein Rhythmus ließ auch zu wünschen übrig. Nach dem Ende von Ammas Darshan begleitete er Amma zusammen mit den anderen zu ihrem Zimmer. Die Mitglieder der Reise-Gruppe, die mit ihm ganz vertraut waren, neckten ihn wegen seiner etwas unbeholfenen Darbietung. Jeder griff einen anderen Fehler auf. Plötzlich drehte Amma sich um und machte folgende

Bemerkung: „Auch wenn es niemandem von euch gefallen hat, Gott hat sein Lied angenommen."

Als sie das hörten, verstummten sie.

Amma vermochte die Unschuld im Herzen dieses Mannes wahrzunehmen, im Gegensatz zu den anderen, die oberflächlich nur die Fehler vernommen hatten. Amma sagt, es mangelt den meisten von uns genau an dieser Unschuld: „Empfinden wir beim Anblick eines Regenbogens oder der Wellen des Ozeans noch die unschuldige Freude eines Kindes? Sieht ein Erwachsener in einem Regenbogen lediglich Lichtwellen, so ahnt er nichts von der Freude und dem Staunen eines Kindes, wenn es einen Regenbogen anschaut oder die Wellen des Ozeans beobachtet."

Nach dem Ende des Drei-Tage-Programms 2006 in München bahnte Amma sich am Morgen nach dem Devi Bhava ihren Weg durch das dichte Gedränge ihrer Kinder. In der Nähe ihres Autos erwartete sie eine Fülle herzförmiger Luftballons, mit denen vorher die Halle dekoriert gewesen war. Jeder Ballon hing an der Hand eines Mannes, einer Frau oder eines Kindes, die auf einen letzten Blick ihrer geliebten Mutter warteten.

Obwohl Amma sehr lange Zeit ohne Unterbrechung Darshan gegeben hatte, blieb sie neben dem Auto stehen, sichtlich erfreut über den Anblick der herzförmigen, heliumgefüllten Ballons. Einer der Devotees zeigte Amma, was passieren würde, wenn man sie losließe – sie würden keineswegs nur wenige Meter hochsteigen, sondern weit hinaus in den Himmel fliegen, über die Baumwipfel und höchsten Gebäude der Stadt hinweg. Beim Anblick dieses Phänomens wurde Amma wie ein kleines Kind, klatschte in die Hände und gab in ihrer spielerischen Freude entzückte Laute von sich.

Sie nahm die heliumgefüllten Herzen nacheinander aus den Händen der sie Umgebenden und ließ sie zuerst einzeln, dann in Bündeln von zwei, drei, fünf und 10 Ballons in den Himmel steigen. Für die um sie Stehenden war die Schar von Herzen, die wie Vögel in den Himmel davonsegelten, ein wunderbarer Anblick. Noch wunderbarer aber war Ammas Reaktion zu sehen, wie sie sich mit ganzem Herzen beteiligte. Amma sagt: „Die kindliche Unschuld tief in dir ist Gott." Für Amma ist alles neu, und Gottes wunderbare Schöpfung ist selbst in den kleinen Dingen zu finden.

Amma sah völlig ergriffen aus beim Anblick der leuchtend roten Herzen vor dem strahlend blauen Himmel, legte ihren Kopf in den Nacken und schaute ihnen noch lange nach.

Als die Devotees sich langsam zerstreuten, blieb ein letzter Herz-Ballon, der nicht genügend Helium zum Wegfliegen enthielt, am Boden liegen. Auf ihm stand geschrieben: *„Mögen eure Herzen erblühen."* Der letzte Ballon blieb da, so als wollte er allen eine Botschaft zurücklassen: Wenn unser Herz in der Unschuld eines Kindes erblüht, können wir uns wirklich aufschwingen zu den Höhen der Selbst-Verwirklichung.

16. Kapitel

Wie Amma die Welt sieht

„Wenn du fragst: 'Wer ist Gott?', dann bist du mein Gott. Der Wind, das Meer, das Gebrüll eines Löwen, der Ruf des Kuckucks – alles ist Gott für mich."

– Amma

Auch wenn man noch so viele Geschichten über spirituelle Meister gelesen hat, erhebt sich die Frage, wie solch ein Meister wohl im richtigen Leben aussieht. Würden wir ihn erkennen, wenn wir ihm begegneten? Woran würden wir ihn erkennen und was würde uns die Sicherheit verleihen?

Genau diese Frage stellt Arjuna in der *Bhagavad Gita* an Krishna.

sthitaprajñasya kā bhāṣā samādhisthasya keśava
sthitadhīḥ kiṁ prabhāṣeta kiṁ āsīta vrajeta kim

Oh Herr, wie beschreibt man einen, dessen Weisheit beständig ist, der sich tief in Versenkung befindet?
Wie sollte einer sprechen, der in Bewusstseinsruhe ist?
Wie sollte er sitzen, wie sich bewegen?

2.54

Auch Arjuna erhofft sich eine körperliche Beschreibung des wahren Meisters. Sri Krishna macht ihm aber deutlich, dass nicht die äußere Erscheinung entscheidend ist – es gibt kein spirituelles Muttermal. Ein Meister ist vielmehr an seiner Haltung zu erkennen. In den folgenden Versen erläutert Sri Krishna die hervorstechenden Eigenschaften des *jnani,* desjenigen, der im Selbst ruht: Der Jnani ist absolut unabhängig von der Außenwelt in sich selbst, d.h. zufrieden im Selbst durch das Selbst und somit befreit von allen Wünschen und Anhaftungen. Da er frei von Verlangen, Furcht und Wut ist, bleibt er bei Unglück unerschüttert. Letztlich ist er weder bei Glücksfällen hocherfreut, noch bei Unglück niedergeschlagen. Wer Amma kennt, weiß wie genau dies auf sie zutrifft.

Da wir jetzt ein genaues Bild von einem wahren Meister haben, sollten wir uns fragen, warum der Meister so ist, wie er ist: Der Grund liegt sicherlich nicht darin, dass er materiell etwas besitzen würde, an dem es uns selbst mangelt oder in einem ganz anderen Bereich leben würde als wir. Was den eigentlichen Unterschied ausmacht, ist nicht das *Aussehen* eines Meisters, sondern die *Art und Weise,* wie er die Welt sieht.

Sri Krishna sagt abschließend:

yā niśā sarvabhūtānāṁ tasyāṁ jāgarti saṁyamī
yasyāṁ jāgrati bhūtāni sā niśā paśyato muneḥ

Was für alle anderen Wesen Nacht ist,
ist Tag für den Jnani,
was allen anderen Wesen Tag ist,
ist Nacht für den Jnani.

2.69

Das heißt nicht, dass ein wahrer Meister die Nacht durchwacht, auch wenn das für Amma sicherlich zutrifft. Sri Krishna versteht hier unter ‚Nacht' die Dualität und unter ‚Tag' die Nicht-Dualität. Was für alle Wesen unwirklich ist, nämlich die Nicht-Dualität, ist für den Jnani wirklich – und was für alle Wesen wirklich ist, nämlich die Welt der Dualität, ist für den Jnani unwirklich. Wo wir eine Welt der Differenzierung und Trennung sehen, sieht der wahre Meister nur Brahman, die unteilbare Essenz der gesamten Schöpfung.

Stell dir Folgendes vor: Es ist extrem heiß. Du hast acht Stunden ununterbrochen in deinem Büro gearbeitet, ohne Ventilator oder Klimaanlage und kannst voraussichtlich auch in den nächsten acht Stunden deinen Schreibtisch nicht verlassen. Du hast in den letzten 30 Stunden höchstens einundeinhalb Stunden geschlafen. Du hast außerdem den ganzen Tag nichts gegessen und auch zuvor nur ein paar Happen. Es gehört zu deinem „Job", dass dir ständig jemand von seinen Problemen erzählt und man von dir erwartet, dass du sie löst. Du weißt genau, dass es morgen genauso abläuft und übermorgen ebenso – und das für den Rest deines Lebens. Doch niemals schwindet das Lächeln aus deinem Gesicht. Du sprichst zu jedem gleich liebevoll und aufmerksam, so als sprächest du zu deinem eigenen Kind. Du strahlst Frieden aus, Liebe, Glückseligkeit und Schönheit.

So sieht ein Tag in Ammas Leben aus. Wenn Journalisten sie fragen: „Was ist dein Geheimnis? Wie kannst du das Tag für Tag aushalten, ohne je zu ermüden?" antwortet sie immer: „Ich bin nicht wie eine Batterie, die ihre Ladung verliert, wenn sie länger benutzt wird. Ich bin vielmehr an die ewige Kraftquelle angeschlossen." „Okay, das kann ich verstehen, heißt es dann meistens, „aber warum *willst* du das alles tun? Wenn ich allmächtig wäre, wüsste ich, was ich lieber täte, als den ganzen Tag den Problemen von Leuten zuzuhören. Langweilt dich das nicht?"

Amma erklärt dazu: „Für einen Babysitter ist Kinderpflege eine Last, für eine Mutter jedoch ist das weder ermüdend noch eintönig."

Advaita Vedanta, die höchste spirituelle Philosophie Indiens, lehrt, dass diese Welt letztlich nicht wirklich ist. Aus dieser

Perspektive könnte ein Mahatma wie Amma, von ihrer höchsten Warte der Selbstverwirklichung aus gesehen, alle Ereignisse dieser Welt als reine Illusion betrachten. Und was sie selbst betrifft – ihr Bedürfnis zu essen und zu schlafen oder körperlicher Schmerz, der ihr widerfährt – sieht Amma es genau auf diese Weise, d.h. als nicht wirklich, als reine Illusion. Geht es dagegen um den Schmerz ihrer Kinder, um unser Leiden und unsere Bedürfnisse, spielt diese Philosophie für Amma keine Rolle und sie begibt sich auf unsere Ebene, um uns zu halten, unsere Tränen zu trocknen und uns alles an Liebe und Mitgefühl zu schenken, was wir brauchen.

Obwohl Amma in der absoluten Wirklichkeit verankert ist, übergeht sie nicht unsere Bedürfnisse und tiefsten Sehnsüchte, nach dem Motto, das sei alles nur Illusion. Sie sagt: „Wenn jemand mit schrecklichen Kopfschmerzen zu dir kommt, ist es sinnlos ihm zu sagen: 'Du bist nicht dein Körper, deine Gefühle und dein Verstand – du bist jenseits von alledem.' Wäre ihm denn damit geholfen? Wir müssen alles daransetzen, seinen Schmerz zu lindern oder ihn zu einem Arzt bringen." Wenn Menschen sich mit ihren Problemen an Amma wenden, setzt Amma alles daran, Lösungen für sie zu finden. Jedes ihrer humanitären Projekte ist eine Antwort auf die Hilferufe ihrer Kinder. Und es genügt Amma nicht, den Menschen nur das zu geben, was sie erbitten. Nach dem Tsunami beispielsweise kamen die Dorfbewohner der Küstenregion auf der Suche nach Essen und Unterkunft zu Amma und wurden damit auch versorgt. Darüber hinaus hat Amma ihnen noch geholfen eigenständig zu werden. Sie hätten sich nach solch einer schrecklichen Katastrophe nie träumen lassen, finanziell unabhängig zu werden. Im Endergebnis hat Amma zur Umwandlung der gesamten ökonomischen Dorfstruktur beigetragen. Den meisten Leuten geht es jetzt besser als vor der Katastrophe.

Während der Nordindientour 2004 gab Amma ein Abendprogramm in einer Stadt im nordwestlichen Indien. Wie üblich,
kam sie bei Sonnenuntergang an und gab die ganze Nacht
hindurch Darshan bis nach Sonnenaufgang. Nur sehr wenige
Menschen dort hatten Amma vorher schon einmal gesehen,
weshalb sie im eigentlichen Sinn keine Devotees waren. Selbst
die Person, in deren Haus Amma übernachtete, hatte sie zuvor
noch nicht gekannt. Unerwarteterweise hatten sich vor Ammas
Aufbruch zum Programm ungefähr 50 Freunde des Gastgebers
eingefunden, um privaten Darshan zu erhalten. Amma hielt
sich in einem Zimmer im zweiten Stock auf und diese Leute
belagerten die Treppe, um sicher zu gehen, dass Amma das Haus
erst verlassen würde, wenn alle ihren Segen empfangen hatten.
Mit der Zeit wurden die Leute etwas unruhig, weil sie nicht so
lange warten wollten. Sie glaubten, Amma würde sich irgendwie
hinausschleichen wollen, ohne ihnen zu begegnen und bestärk-
ten sich gegenseitig in ihrer Absicht, auf jeden Fall Darshan von
Amma zu bekommen.

Als es hieß, Amma werde gleich kommen, weigerten sie sich
sogar, auf der Treppe für sie Platz zu machen. Niemand konnte
sie dazu bringen, sich auch nur einen Zentimeter von der Stelle zu
bewegen. Die Swamis fürchteten wirklich, Amma könnte verletzt
werden, wenn sie durch die ungestüme Menge ginge.

Als Amma aus ihrem Zimmer kam, gerieten die Leute
außer sich. Es herrschte das reinste Chaos und alle drängten sich
gleichzeitig zu Amma. Sie lächelte aber unentwegt und wich vor
niemandem zurück. Amma ging mitten hinein in die Menge und
zog die Menschen beim Weitergehen buchstäblich in ihre Arme.

Zehn Minuten später saß sie im Auto, auf dem Weg zur
Veranstaltungshalle, um die ganze Nacht hindurch Tausenden
Darshan zu geben. Natürlich war sie nicht verletzt worden.

Während der Autofahrt äußerte jemand, wie ungehobelt sich die Leute doch verhalten hätten. Die Swamis und alle anderen Begleitpersonen Ammas waren recht aufgebracht. Sie konnten nicht fassen, was sie an Selbstsucht und hässlichem Verhalten beobachtet hatten – die Ungeduld der Leute und ihr an Gewalt grenzendes Vorgehen.

Wie war Ammas Kommentar? Wie hatte sie das aufgefasst?

„Liebe": Amma kommentierte vom Rücksitz des Autos mit einem einzigen Wort, was sie beobachtet hatte. Wir sehen Tumult. Amma sieht Liebe, nur Liebe.

Betrachtet man Ammas Leben, fällt auf, dass sie mehr sieht als wir alle – in jeder Situation und in jedem Lebensbereich.

Während derselben Indien-Tour besuchte Amma später in Jaipur, einer Stadt im nördlichen Staat Rajastan, das Haus des Gouverneurs. Von Ammas Vorbild inspiriert gab er jede Woche finanzielle Hilfsmittel an Arme und Misshandelte des Staates Rajastan. Er lud Amma in seine Villa ein. Sie sollte all denjenigen ihre Liebe schenken, die sich dort Woche für Woche versammelten, in der Hoffnung auf finanzielle Unterstützung aus dem Vermögen des Gouverneurs.

Unter den vielen Menschen, denen Amma dort Darshan gab, befand sich ein siebenjähriger Junge, dessen Körper schwere Brandwunden davongetragen hatte, als jemand wegen Eigentumsstreitigkeiten Feuer an die Hütte seiner Eltern gelegt hatte. Er hatte weder Augen noch Ohren und anstelle der Nase nur noch ein Loch so groß wie ein Knopf. Wer das Kind sah, dem stiegen Tränen in die Augen – aber es umarmen? Seine verbrannte Haut küssen als sei sie die weichste Blume? So etwas vermag nur ein Mahatma wie Amma, die in allen ihr eigenes Selbst erblickt. Nur wenn wir in allen Wesen unser eigenes Selbst wahrnehmen und lieben, können wir in einer Welt leben, in der es weder Abscheu noch Abneigung gibt.

In der *Purusha Suktam* heißt es:

sahasra śīrṣā puruṣaḥ
sahasra-akṣaḥ sahasrapāt

Der kosmische Mensch hat tausend Köpfe;
tausend Augen hat er und tausend Beine.

Auf einer ihrer Nordindien-Touren hielt Amma am Ufer eines Flusses an, um mit all ihren Kindern zu schwimmen. Als Amma gerade dabei war, jedem ihrer Kinder das Gesicht zu waschen, entstand plötzlich helle Aufregung. Zwei Brahmacharinis waren von der Strömung abgetrieben worden und ruderten heftig mit den Armen im Wasser. In ihrer Panik klammerten sie sich aneinander und zogen sich unter Wasser. Ein Mann aus dem Westen tauchte unter und zog sie unter Aufbietung all seiner Kräfte hoch und zurück ans Ufer. Amma forderte alle auf, das Wasser unverzüglich zu verlassen. Doch auch nachdem alle den Fluss verlassen hatten, stand Amma weiterhin mit besorgter Miene am Ufer. Obwohl alle ihr sagten, dass niemand mehr draußen im Wasser sei, wiederholte sie immer wieder: „Eins meiner Kinder ist noch im Wasser." Es tauchte aber niemand auf. Und als dann alle Anwesenden durchgezählt worden waren, war klar, dass tatsächlich alle aus dem Wasser herausgekommen waren. Schließlich ging Amma auf eine Frau aus dem Westen zu, die schon lange eine Anhängerin von ihr war und sagte zu ihr: „Sei sehr vorsichtig." Da diese Frau nicht schwimmen konnte, nahm sie sich Ammas Warnung sehr zu Herzen. Nachts schrieb sie Ammas Worte in ihr Tagebuch.

Einige Tage danach sprach genau diese Frau mit ihrem Vater, der in der Karibik Urlaub gemacht hatte. Er erzählte ihr, während seines Urlaubs habe ihn der Tod gestreift. Nur wenige Tage zuvor war er im karibischen Meer geschwommen, als ihn plötzlich eine

Flutwelle ins Meer hinauszog. Die Welle hatte ihn überrollt und er hatte seinen Freund verzweifelt um Hilfe gerufen. Für seinen Freund aber gab es keine Möglichkeit, zu ihm zu gelangen. Angesichts seines unvermeidlichen Todes rief der Mann Amma um Hilfe an. Schließlich gab er den Kampf auf und ergab sich in sein Schicksal. Zu seinem Erstaunen trugen ihn die Wellen schließlich ans Land zurück auf den Strand.

Als die Frau den Zeitpunkt des Hilferufs ihres Vaters mit dem des Zwischenfalls am indischen Ufer verglich, wurde ihr bewusst, dass beide Ereignisse gleichzeitig geschehen waren und sie begriff, dass Amma ihren Vater meinte, als sie sagte: „Eins meiner Kinder ist noch im Wasser."

Vor einiger Zeit besuchte ein Fernseh-Nachrichtenteam Ammas Ashram. Das Team wollte gern einen der Ashrambewohner interviewen, von dem es während seines Ashram-Aufenthaltes betreut wurde. Dieser Brahmachari erzählte während des Interviews, dass vor seiner Begegnung mit Amma sein Hauptbedürfnis darin bestanden habe, sein eigenes Wohlergehen und Glück zu vermehren; jetzt aber wolle er – inspiriert von Ammas Vorbild – einfach nur der Welt dienen. Als das Nachrichtenteam den Ashram verlassen hatte, gestand der junge Mann Amma, er habe nicht vor die Kamera treten wollen, doch der Reporter habe darauf bestanden, ihn zu interviewen. Als Amma hörte, was er über die Aufnahmen sagte, antwortete sie: „Wenn du dein Leben wirklich der Welt hingegeben hast, ist von deinem Ego nichts mehr übrig. Es macht dann keinen Unterschied, ob du vor oder neben der Kamera stehst." Ammas glasklare Logik machte den jungen Mann sprachlos. Doch damit nicht genug. Amma fügte hinzu: „Wie auch immer – eine andere Kamera beobachtet dich ständig."

Das erinnert mich an eine Szene in den Anfangsjahren des Ashrams. Ein neu Hinzugekommener erzählte Amma über

Dinge, die ihn bedrückten. Amma tröstete ihn: „Mach dir keine Sorgen, mein Sohn, Amma ist immer bei dir."

„Ich weiß", witzelte der junge Mann. „Das beunruhigt mich am meisten!"

Schon vor langer Zeit machten wir die Erfahrung, dass nichts vor Amma verborgen bleibt. Eines Tages bot jemand Amma eine Tüte Biskuits an. Amma rief einen Ashrambewohner zu sich und sagte zu ihm, ohne die Tüte zu öffnen: „Sohn, bewahre diese Biskuits auf, wir wollen sie heute Abend verteilen." Der junge Mann nahm die Tüte und trug sie in seine Hütte. Dort öffnete er sie und entdeckte darin fünf Päckchen Biskuits. Er nahm eines und verbarg es zwischen den Kokospalmblättern im Dach seiner Hütte. Am Abend fragte Amma nach den Biskuits, um sie als Prasad zu verteilen. Der junge Mann brachte die Tüte – ohne das eine Päckchen, das er in seiner Hütte versteckt hatte. „Sohn, hier sind nur vier Päckchen drin, wo ist das fünfte?"

Der junge Mann sagte nichts, sondern stand wie ein vom Scheinwerferlicht geblendetes Reh erstarrt da. Amma stand schließlich auf, ging in seine Hütte und direkt zum Versteck im Dach und holte das fehlende Päckchen heraus. Während des Essens erzählte Amma die ganze Geschichte und erklärte, sie habe dem jungen Mann die Tüte mit Biskuits gegeben, um seine Selbstlosigkeit zu testen. Und obwohl er den Test nicht bestand, lernte er trotzdem seine Lektion – seit jenem Tag hat der junge Mann nie mehr etwas an sich genommen, das nicht ihm gehört.

Vor einigen Jahren befand sich eine Amma-Anhängerin mit ihrer halbwüchsigen Tochter auf dem Weg zu Ammas Ashram in Indien. sie befanden sich etwa auf halbem Weg zwischen Singapur und Trivandrum in der Luft. Von Trivandrum aus wollten sie sich für die dreistündige Fahrt zum Ashram an der indischen Westküste entlang ein Taxi nehmen. Sie hatten gerade ihr Bordmenue beendet und die Stewardess räumte die Tabletts weg, als das Flugzeug plötzlich in heftige Turbulenzen geriet und hin und her geschüttelt wurde – nach links und rechts, nach oben und nach unten.

Und dann begann das Flugzeug abzusacken – und mit ihm auch der Magen der Frau. Es war kein Sturzflug, sondern das Flugzeug sank in weniger als einer Minute einfach aus einer Höhe von 9000 m auf 6000 m. Dann war für einen Moment alles normal, lang genug für die Passagiere, Blicke auszutauschen und erleichtert aufzuatmen. Aber dann ging die Maschine in einen Sturzflug über.

Die Sauerstoffmasken fielen vor den Passagieren heraus, aber niemand griff danach. In der Hoffnung auf einen beruhigenden Blick sahen die Frau und ihre Tochter zur Stewardess hinüber, entdeckten in deren Augen jedoch nur nackte Angst. Ammas Kinder begannen zu beten.

Und so etwas wie Frieden kam über sie. Die Tochter erinnerte sich später, dass sie beim Blick aus dem Fenster keine Angst gespürt habe, als sie das tiefblaue Meer immer näher kommen sah.

Auf einer Flughöhe von 3000 m fing sich das Flugzeug dann wieder.

Wenige Minuten später hörte man über Lautsprecher den Piloten, in dessen Stimme nervöse Erleichterung mitschwang. „Alles ist wieder o.k. Wir bitten Sie alle höflich, sitzen zu bleiben ... und nicht aus dem Flugzeug zu springen." Der Pilot erklärte mit keinem Wort, was den Sturzflug verursacht hatte oder wie sie die Maschine wieder hatten abfangen können. Sie landeten sicher und ohne weiteren Zwischenfall.

Nach ihrer Ankunft im Ashram gingen Mutter und Tochter zum Darshan und erzählten Amma, was passiert war. Amma sagte nichts, sondern hielt sie ganz fest und wie es schien, ganz besonders lange im Arm. Später erzählte Ammas persönliche Betreuerin dieser Frau, dass Amma vor Beginn des Morgendarshans in einer seltsam abwesenden Stimmung gewesen sei. Sie habe sich vor und zurück bewegt und gemurmelt: „So viel Schütteln, so viel Schütteln ..." und dabei den Namen der Frau genannt.

Amma sieht selbst auf der objektiven Realitätsebene so Vieles, das für unsere Augen nicht sichtbar ist. Während Ammas erster Welttour blieb sie nach ihrer abendlichen Ankunft in Santa Fe die ganze Nacht über wach. Am Morgen erklärte sie, sie habe viele merkwürdig aussehende feinstofflichen Wesen gesehen, die gekommen waren, um ihren Segen zu empfangen. Bei der Frage, wie diese ausgeschaut hätten, beschrieb Amma sie so: Sie hätten den Rumpf eines Tieres und die Beine von Menschen besessen.

Es stellte sich heraus, dass in einem der Räume des Hauses, in dem Amma wohnte, mehrere Figuren standen, auf die Ammas Beschreibung exakt zutraf. Obwohl die Besitzer des Hauses sie mehr zu Dekorationszwecken aufgestellt hatten, handelte es sich eigentlich um Darstellungen von Naturgottheiten oder *kachinas*, die von Stämmen der amerikanischen Ureinwohner verehrt wurden. Als sie Ammas Bemerkungen hörten, wurde ihnen klar, dass es sich bei diesen *Kachinas* nicht einfach um Schmuckfiguren handelt, wie die meisten Leute heutzutage meinen, sondern um feinstoffliche Wesen, die tatsächlich existieren und sichtbar für diejenigen sind, die über eine entsprechend feine Wahrnehmung verfügen.

Amma hat ihr tiefes intuitives Verständnis ebenso für die indische spirituelle Tradition offenbart. Es war beispielsweise in Indien viele Jahrhunderte lang Frauen verboten, religiöse Rituale in Tempeln auszuführen. Amma selbst hat eine neue Tempelform und -verehrung entwickelt und ungefähr 18 Tempel in den letzten 20 Jahren eingeweiht. Seitdem wurden mehrere Brahmacharinis, darunter auch Frauen aus dem Westen, denen normalerweise nicht gestattet wird, das innere Heiligtum eines Tempels zu betreten, in die traditionellen Verehrungsrituale eingeweiht. Nach Abschluss ihrer Ausbildung schickte Amma diese Brahmacharinis in verschiedene Zweigstellen des Ashrams. Mitunter wurde Amma von Leuten gefragt, auf welche Textstellen in den Schriften sie sich für all dies berufen könne. Amma erwiderte darauf, die Autorität der Schriften entspringe den Worten der Mahatmas und demzufolge besäßen genau diese Mahatmas die Autorität zu notwendigen Veränderungen, um sie im Verlaufe der Jahrhunderte den Bedürfnissen von Zeit und Ort anzupassen.

In der *Bhagavad Gita* sagt Krishna:

yāvān artha udapāne sarvataḥ saṁplutodake
tāvān sarveṣu vedeṣu brāhmaṇasya vijānataḥ

Für ein erleuchtetes Wesen sind alle Veden so nützlich wie ein Brunnen, wenn überall Wasser sprudelt.

2.46

Das heißt nicht, dass wahre Meister nicht die Schriften befolgen oder respektieren; aber sie benötigen die Schriften nicht als Anleitung. Sie besitzen bereits das in den Schriften beschriebene höchste Wissen.

Amma kann aufgrund ihrer universellen Sichtweise über die oberflächlichen Unterschiede religiöser Traditionen der Welt einfach hinwegsehen. Aus diesem Grund fordert sie nie jemanden auf, seine Religion zu wechseln, sondern sich in den eigenen Glauben zu vertiefen, dessen wesentliche Prinzipien zu entdecken und danach zu leben.

Während einer US-Tour führte die Amma begleitende Gruppe ein recht breit gefächertes Repertoire von Liedern und Tänzen der großen religiösen Traditionen der Welt auf. Die Person, die eine ganz bestimmte Religion darbieten sollte, war erkrankt und niemand hatte ihre Abwesenheit bemerkt. Am Ende der Darbietungen wies Amma jedoch darauf hin, dass eine große

Religion noch fehlte. Amma gab mitten im Darshan eine eigene Darbietung und sang ein religiöses Lied jener Tradition. Erst jetzt war das Repertoire der Weltreligionen vollständig.

Vor mehr als zwölf Jahren – noch bevor die globale Erwärmung und die zunehmenden Unregelmäßigkeiten im Rhythmus der Natur ins Zentrum des öffentlichen Bewusstseins gedrungen waren – entsprang Ammas Warnung, die Menschheit werde ihren gegenwärtigen Kurs nicht fortsetzen können, ihrer tiefen Einsicht in das Wirken von Mutter Natur. "Inzwischen regnet es nicht mehr erwartungsgemäß. Wenn es regnet, dann entweder zu wenig oder zu viel und der Regen kommt entweder zu früh oder zu spät. Das Gleiche gilt für den Sonnenschein. Die Menschen versuchen heutzutage die Natur auszubeuten. Deshalb gibt es Überschwemmungen, Dürren und Erdbeben und alles wird zerstört."

Sie sah sogar die verborgene Ursache für die zunehmende Disharmonie der Natur: Sie wies darauf hin, noch belastender als der schwarze Rauch aus den Fabriken seien die dunklen Wolken der Selbstsucht, des Hasses und der Wut im Herzen der Menschen und nicht nur die Handlungsweisen der Menschheit würden sich unmittelbar auf die Natur auswirken, sondern genauso ihre Gedanken und Worte. „Wir erleben einen gewaltigen Niedergang der Lebensqualität. Viele Menschen haben ihren Glauben verloren. Sie empfinden weder Liebe noch Mitgefühl; und der Teamgeist, miteinander zum Wohle aller Hand-in-Hand zu arbeiten, ist verloren gegangen. Das wird sich verheerend auf die Natur auswirken. Die Natur wird all ihre Segnungen zurückziehen und sich gegen die Menschheit wenden. Wenn die Menschheit so weitermacht wie bisher, wird das unvorstellbare Reaktionen der Natur hervorrufen." Laut Amma ist die Natur auch weiterhin aufgewühlt, wir sind also auf keinen Fall über den Berg. Ohne grundlegende Veränderungen in der Einstellung und im Verhalten der Menschen wird die Natur ihre Verwüstungen fortsetzen.

Amma bittet oft all ihre Kinder zu beten, die kühle, milde Brise göttlicher Gnade möge die dunklen Wolken von Wut, Hass und Negativität aus den Herzen der Menschen wehen.

Vor Kurzem schlug sie eine Reihe ganz konkreter, praktischer Schritte vor, die inzwischen überall auf der Welt von ihren Anhängern umgesetzt worden sind: Baumpflanzaktionen und Fahrgemeinschaften, Einsparen von Wasser und Papier bis zum Recyceln von Plastik. Dies wird sich enorm positiv auf die Natur auswirken und dazu beitragen, dass unser Planet seine ursprüngliche Harmonie und natürliche Ordnung zurückgewinnt.

Es gibt in Chidambaram, im Staat Tamil Nadu, einen antiken Tempel, der die umfassende Sichtweise des Sanatana Dharma klar verdeutlicht. In jenem Tempel empfängt man Gottes Darshan nicht durch den Anblick eines Bildnisses, sondern man betritt Gott einfach. Es gibt einen Raum in dem Tempel – *akasha linga* – der als Manifestation Gottes gilt. Beim Betreten des Raums betritt man buchstäblich Gott, bewegt sich in Gott, atmet Gott ein und empfindet das Mysterium Gottes innen und außen. Der Tempel ist eine Unterweisung in Gottes alldurchdringende Natur.

Das entspricht Ammas Sichtweise vom Augenblick ihrer Geburt an. Ihrer Aussage nach sah sie, als sie in diese Welt geboren wurde, klar und deutlich, dass sie selbst und alles um sie herum von Gott erfüllt ist und dass es innen und außen nur das allumfassende göttliche Bewusstsein gibt.

Amma übersieht nicht etwa die Unterschiede zwischen den Pflanzen, Tieren, Bäumen, Flüssen und Sternen und den Menschen, die sie umarmt und aus ihren Armen wieder entlässt. Amma sieht das so wie du und ich, doch sie sieht auch, dass all diese scheinbar getrennten Dinge in Wirklichkeit eins sind, genauso wie die kleinsten Elementarteilchen Gott und nur Gott sind.

Das ist das Geheimnis hinter der Unermesslichkeit von Ammas Mitgefühl. Es kennt keine Grenzen, weil Ammas Bewusstsein des Selbst keine Grenzen kennt. Ihr Bewusstsein des Selbst ist alldurchdringend wie der Raum. Ammas Geist hat keine Grenzlinie, an der sie endet und wir beginnen.

Diese Nicht-Dualität ist Ammas Sichtweise, was dazu führt, dass sie, sobald sie jemanden leiden sieht, die Arme nach ihm ausstreckt, um ihn zu trösten. Warum? Weil sie denjenigen nicht als getrennt von sich sieht. Sieht sie jemanden ohne Behausung, möchte sie ihm eine Behausung geben. Sieht sie jemanden ohne Mittel zum Erwerb einer ordentlichen Ausbildung, möchte sie ihm eine ordentliche Ausbildung ermöglichen. Sieht sie jemanden ohne Essen, möchte sie ihm Nahrung geben. Sieht sie jemanden ohne Liebe, möchte sie ihm Liebe geben. Für Amma ist der Impuls, anderen zu helfen, so natürlich wie ihr Impuls, ihre eigenen Tränen zu trocknen. Für Amma gibt es keinen Unterschied. Deshalb dienen wahre Meister wie Amma der Welt, sie leben, wie Amma sagt, für ihre Schüler und Anhänger, denn sie erkennen in jedem und in allem sich selbst; ihre Liebe und ihr Mitgefühl strömen unaufhörlich hinaus in das gesamte Universum.

Bei einer Frage-und-Antwort-Stunde während eines Retreats im vergangenen Sommer sagte eine Frau ganz unschuldig zu Amma: „Ich habe noch nie solche Augen gesehen wie du sie hast – sie scheinen das gesamte Universum zu enthalten. Hast du je über deine Augen nachgedacht?"

Ammas Antwort war knapp, liebenswürdig und tiefgründig. „Ich sehe meine Augen durch deine", antwortete sie der Fragestellerin. „Ich sehe mich selbst durch dich."

Wir werden nie wirklich verstehen, was es heißt, die Welt durch Ammas Augen zu sehen. Doch es ist offensichtlich dass, wohin sie auch schaut, Amma mehr sieht als wir. Sie durchschaut eine Situation gründlicher, blickt tiefer in das Herz eines

Menschen und erkennt die Ursache eines aktuellen Problems. Sie sieht Wesen, die für uns unsichtbar sind und sieht Ereignisse, die auf der anderen Seite der Erdkugel stattfinden.

Sie sieht hinter allen Dogmen das vereinte Herz der Weltreligionen und jenseits kultureller Unterschiede alle Menschen als universelle Familie. Sie durchschaut Notlügen, erkennt unbewusste Motive und sieht die Reinheit des Herzens. Sie sieht die Handlungen und Gedanken ihrer Jünger bzw. Schüler und ihrer Anhänger und sieht durch das Hässliche hindurch auf die innere Schönheit des unschuldigen Herzens. Wohin sie blickt, sieht sie nur Gott. Letztlich sieht sie überall nur ihr Selbst. Das war immer so und wird immer so sein.

Glossar

Advaita – wörtlich: „nicht zwei", im Sinne von Nicht-Dualität, dem Grundprinzip des Vedanta, der höchsten spirituellen Philosophie des Sanatana Dharma.

Amrita Kuteeram – ein Hausbauprojekt des Mata Amritanandamayi Math (MAM), das sehr armen Familien kostenlos Häuser bereitstellt. Es wurden bisher (d.h. bis 2007, Anm.d.Übers.) über 40000 solcher Häuser in ganz Indien gebaut und vergeben.

Amrita Vidyalayam – Grundschulen, die vom MAM eingerichtet und betreut werden, um eine wertorientierte Erziehung zu vermitteln. Gegenwärtig gibt es 53 Amrita-Vidyalayam-Schulen in ganz Indien.

Amritapuri – das internationale Zentrum des MAM, an Ammas Geburtsort in Kerala/Indien

Ananda – Glückseligkeit

Archana – Verehrung (in Form von Mantren)

Atman – Wahres Selbst oder höchstes Bewusstsein

AUM (auch „OM") – nach Aussage der vedischen Schriften ist dies der uranfängliche Ton des Universums und Keim der Schöpfung. Alle Töne entstehen aus OM und lösen sich im OM auf.

Bhajan – Lobgesang; Anbetung in Form von Gesängen

Brahmachari – zölibatär lebender männlicher Schüler eines Meisters, unter dessen Führung er spirituelle Übungen praktiziert, **Brahmacharini** ist die weibliche Entsprechung.

Brahman – die höchste Wahrheit jenseits aller Eigenschaften; allwissende, allmächtige und allgegenwärtige Essenz des Universums.

Darshan – eine Begegnung mit oder eine Vision von Gott oder einem heiligen Wesen. Ammas Darshan ist einzigartig aufgrund ihrer mütterlichen Umarmung.

Devi Bhava – „die Göttliche Stimmung von Devi". Der Zustand, in dem Amma ihr Einssein und ihre Identität mit der Göttlichen Mutter offenbart.

Dharma – bedeutet im Sanskrit: „Das, was die Schöpfung bewahrt", und verweist damit vor allem auf die Harmonie des Universums; andere Bedeutungen sind u.a.: Rechtschaffenheit, Pflicht, Verantwortung.

Gopi – die Gopis waren Hirtenmädchen (oder Milchmädchen), die in Vrindavan lebten, dem Ort, an dem Krishna seine Kindheit verbrachte. Sie waren die glühendsten Verehrerinnen von Krishna und damit beispielhaft für die intensivste Liebe zu Gott.

Jivanmukti – Befreiung schon zu Lebzeiten

Jiva oder **Jivatman** – individuelle Seele. Gemäß Advaita Vedanta ist Jivatman eigentlich keine begrenzte individuelle Seele, sondern ein und dasselbe wie Brahman, der zugleich auch Paramatman oder die höchste Seele ist. Aus dieser entsteht das Universum materiell und geistig.

Jnana – spirituelles Wissen, Weisheit

Jnani – derjenige, der Gott oder das Wahre Selbst verwirklicht hat; jemand, der die höchste Wahrheit versteht

Kauravas – die 100 Kinder von König Dhritharasthra und Königin Gandhari, deren ältester Sohn der unehrenhafte Duryodhana war. Die Kauravas waren Feinde ihrer Cousins, den tugendhaften Pandavas, gegen die sie im Mahabharata Krieg kämpften.

Mahabharata – gehört mit dem Ramayana zu den beiden umfangreichen indischen historischen Epen. Es ist eine großartige Abhandlung über Dharma. Die Geschichte handelt vor allem vom Konflikt zwischen den rechtschaffenen Pandavas und den unehrenhaften Kauravas und der großen Schlacht von Kurukshetra. Mit seinen 100.000 Versen ist es das längste Epos der Welt, etwa um 3200 v. Chr. von dem Weisen Veda Vyasa verfasst.

Mahatma – wörtlich „große Seele". Obwohl dieser Begriff inzwischen mit erweitertem Sinn angewendet wird, bezeichnet ‚Mahatma' in diesem Buch denjenigen, der für immer die Einheit mit dem universellen Selbst bzw. dem Atman erkannt hat.

Mata Amritanandamayi – Ammas offzieller monastischer Name bedeutet „Mutter der Unsterblichen Glückseligkeit"; oft wird dem Namen „Sri" hinzugefügt, als Ausdruck von Glücksverheißendem.

Mata Amritanandamayi Math (MAM) – Ammas spirituelle und humanitäre Organisation. Die karitativen sozialen Dienste des MAM überschreiten alle Begrenzungen von Nation, Rasse, Kaste und Religion und haben die Aufmerksamkeit der Weltöffentlichkeit auf sich gelenkt. Im Jahr 2005 verlieh die UNO dem MAM einen besonderen Beraterstatus, in Anerkennung seines Katastrophen-Einsatzes und seiner weitgefächerten humanitären Projekte.

Maya – Illusion. Gemäß Advaita Vedanta verursacht Maya, dass Jivatma sich irrtümlicherweise mit Körper, Gemüt und Intellekt identifiziert, statt mit ihrer wahren Identität, dem Paramatman.

Mithya – wechselhaft und deshalb unbeständig, auch illusorisch oder unwahr. Gemäß Vedanta ist die gesamte sichtbare Welt ‘Mithya'.

Onam – Erntedankfest in Kerala, in Erinnerung an ein goldenes Zeitalter, in dem die Menschen unter der wohltätigen

Regentschaft des Königs Mahabali in vollkommener Harmonie miteinander lebten.

Pandavas – fünf Söhne des Königs Pandu und die Helden des Epos „Mahabharata".

Paramatman – das allerhöchste Sein

Prasad – gesegnete Gabe oder Geschenk eines Heiligen oder eines Tempels, oft in Form von Nahrung

Puja – Anbetung in Form eines Rituals oder bestimmter Zeremonien

Puranen – eine Sammlung von Texten zur allgemeinverständlichen Erläuterung der Lehren der Veden anhand von konkreten Beispielen, Mythen, Erzählungen, Legenden, Lebensdarstellungen von Heiligen, Königen und berühmten Männern und Frauen, außerdem Allegorien und Chroniken bedeutender historischer Ereignisse.

Rishis – selbstverwirklichte Seher oder Weise, denen die Mantren während ihrer Meditation eingegeben wurden

Samadhi – wörtlich: „Beenden aller mentalen Schwankungen". Transzendentaler Bewusstseinszustand, in dem das individuelle Selbst mit dem höchsten Selbst vereint ist.

Samsara – Zyklus von Geburt und Tod

Sanatana Dharma – „der Ewige Weg des Lebens", so lautet der ursprüngliche und traditionelle Name für Hinduismus.

Satsang – in Verbindung sein mit der höchsten Wahrheit. Auch in Gemeinschaft mit Mahatmas sein; einem spirituellen Vortrag oder Gespräch zuhören und als Gruppe spirituelle Übungen ausführen

Unniyappam – tradionelle, frittierte Süßspeise in Kerala

Vedanta – wörtlich: „das Ende der Veden" in Bezug auf die Upanishaden, die sich mit Brahman, der höchsten Wahrheit, befassen und dem Pfad, über den diese Wahrheit zu verwirklichen ist.